Kohlhammer

Die Autorin

Kerri Milyko, Ph. D., ist Psychologin, war lange Zeit an der Universität von Nevada tätig und leitet nun das von ihr gegründete »Precision Teaching Learning Center« in Tampa, Florida.

Kerri Milyko

Lernen im Sekundentakt

Präzisionslernen bei Kindern mit Autismus-Spektrum-Störungen

Übersetzt von Andra Bernard

Verlag W. Kohlhammer

1. Auflage 2021

Gesamtherstellung: W. Kohlhammer GmbH, Stuttgart

Print:
ISBN 978-3-17-033772-5

E-Book-Formate:
pdf: ISBN 978-3-17-033773-2
epub: ISBN 978-3-17-033774-9
mobi: ISBN 978-3-17-033775-6

Geleitwort zur Reihe »Autismus Konkret«

Das afrikanische Sprichwort »It takes a village to raise a child«/ Deutsch: »Es braucht ein Dorf, um ein Kind zu erziehen« gilt sicherlich auch für Kinder und Jugendliche mit einer Autismus-Spektrum-Störung (ASS). Und vielleicht braucht es sogar mehr als ein Dorf: nämlich das Wissen von Spezialisten in verschiedenen Ländern, die sich Autismus Spektrum Störungen auf ihre Fahnen geschrieben haben. Ziel unserer Reihe »Autismus Konkret« ist es daher, das Wissen internationaler Experten zu relevanten Themen zu bündeln und Eltern, Therapeuten, Lehrer und anderen Fachkräften dieses Wissen in leicht verständlicher Form und so konkret wie möglich zur Verfügung zu stellen.

Oft ist es nicht einfach, Betroffenen mit ASS zu helfen. Eltern und Fachkräfte wissen, dass Zeit besonders kostbar ist, wenn es darum geht, effektiv Veränderungen zu bewirken. Daher sollten Erklärungsmodelle und Hilfen bewährt und wissenschaftlich anerkannt sein. Wir haben daher Kollegen in Deutschland, Österreich, England und den USA gebeten, ihr Spezialwissen über bestimmte evidenzbasierte und praxiserprobte Therapiemethoden in kurzer, konkreter Form mit unseren Lesern zu teilen.

Hierbei wird ein Einblick in folgende Themen gegeben: Lernen durch ABA und AVT (Applied Behavior Analysis und Autismusspezifische Verhaltenstherapie), Anders denken lernen – Kognitive Verhaltenstherapie zum Abbau von Frustration und Ängsten und zum Aufbau von sozialen Fähigkeiten, Lernen von positiven Alternativen zu Verhaltensproblemen, Lernen im Alltag – Natürliches Lernen, Lernen im Sekundentakt – Präzisionslernen, Lernen durch Apps, Lernen durch visuelle Hilfen, Lernen durch Videomodellierung, Lernen von Spiel und Beziehungen zu

Gleichaltrigen: Integrierte Spielgruppen, Lernen im inklusiven schulischen Setting, Medikamentöse Hilfe und die Suche nach den Ursachen von Autismus-Spektrum-Störungen.

Wir hoffen, dass die Bände unserer Reihe »Autismus Konkret« Eltern und Kollegen helfen, Ursachen besser zu verstehen und wissenschaftlich anerkannte Therapiemethoden kennenzulernen. Hierbei wünschen wir, dass jeder Praxisband der Serie einen Beitrag leistet, therapeutische Hilfen für Betroffene mit ASS konkreter zu machen und Kindern und Jugendlichen mit ASS eine echte Chance zu geben, sich so zu entwickeln, dass eine Teilhabe am Leben der Gemeinschaft auch tatsächlich möglich wird. Und dazu braucht es sicher »Mehr als ein Dorf«.

Dr. Vera Bernard-Opitz, Herausgeberin der Reihe, Irvine, April 2021

Geleitwort zu diesem Band

Dieser Band unserer »Autismus-Konkret-Serie« ist ein Versuch, die Methode des Präzisionslernens (PL) in Deutschland bekannter zu machen. PL ist eine Lernstrategie, die sich besonders in amerikanischen und australischen Schulen für Kinder und Jugendliche mit Aufmerksamkeits-Defizit-Hyperaktivitäts-Syndrom (ADHS) und Autismus Spektrum Störungen bewährt hat. Auch von Athleten, Musikern oder Studenten verschiedener Fachrichtungen wird sie eingesetzt.

Nach einem Sommerkurs an der hierfür bekannten Morningside Academy in Seattle fragte mein Sohn: »Mama, warum sind denn nicht alle Schulen so?« Offensichtlich fand er das einfache und schnelle »Lernen in Sekunden« und die Bewertung des eigenen Lernfortschritts auf logarithmischen Kurven sehr überzeugend.

Im Folgenden wird anhand von Fallbeispielen verschieden stark beeinträchtigter Kinder mit ASS deutlich, dass PL ein sehr präzises Lernen ist, das allerdings auch eine sehr genaue Planung voraussetzt. So sollte der Schüler mit ASS flüssig reden, schreiben, lesen und rechnen können oder auch andere soziale Verhaltensweisen oder Selbsthilfetätigkeiten »automatisch richtig machen«. Um das zu erreichen wird komplexes Verhalten analysiert und problematische Komponenten, wie Artikulation, Stifthaltung, Zahlen lesen, Grüßen, die Zähne putzen oder die Straße richtig überqueren, wiederholt im »Sekundentakt« geübt. Ziel von PL ist es, dass Teilschritte komplexer Fähigkeiten durch Wiederholungen automatisiert werden und somit den Beteiligten nicht mehr schwerfallen.

PL setzt präzise Planung voraus, was auch für andere ABA/AVT-Ansätze gilt. Allerdings diskutieren die Vertreter von PL und ABA/AVT, durch welche Lerndaten der Lernfortschritt am besten kontrolliert werden kann. Während verhaltenstherapeutische Arbeit sich meist mit einer Messung des Antwortverhaltens als Prozent richtig begnügt, betonten Präzisionslehrer, dass der Lernfortschritt auf die jeweilige Lernzeit bezogen werden muss. Nur so kann ein langsam und mühevoll sprechender, schreibender, rechnender oder arbeitender Schüler von einem Schüler unterschieden werden, der all das automatisch erledigt, dem es leichtfällt und der dieses oft auch gern macht.

Eine spannende Beobachtung zieht sich dabei durch dieses Buch: die wiederholte Erkenntnis, dass das gezielte Üben von Teilkomponenten zu einer Verbesserung des Endziels führt, ohne dass dieses selbst trainiert werden muss. Und das klingt doch vergleichbar zum wiederholten Üben des Aufschlags beim Tennis oder der endlosen Wiederholung von Akkorden, um vielleicht doch noch ein Tennisprofi oder virtuoser Pianist zu werden.

Auch wenn wir nicht alle Lernenden zu solchen Höchstleistungen bringen können und auch nicht bringen wollen, kann das Verstehen der genauen Problempunkte und das schnelle Üben kleiner Lernschritte für viele Betroffene Lernen erfreulicher und effektiver machen.

Dr. Vera Bernard-Opitz, Herausgeberin der Reihe, Irvine,
April 2021

Inhalt

Geleitwort zur Reihe »Autismus Konkret« **5**

Geleitwort zu diesem Band **7**

1 Willkommen zum Präzisionslernen **11**

2 Flüssiges Verhalten **15**

2.1 Ergebnisse flüssigen Verhaltens 18
2.2 Flüssiges Verhalten messen 21

3 Eindruck vom Präzisionslernen: Die Zeitmessung **27**

3.1 Definition und Ziel 27
3.2 Beobachtung während einer Zeitangabe 29
3.3 Strategien vor der Zeitmessung 39
3.4 Nach einem Timing 47

4 Grundlagen lehren **57**

5 Julie – Niedriges verbales Repertoire **65**

5.1 Übungen 67
5.2 Überprüfung des Fortschrittes 76

6 Thomas – Geringe Sprachfähigkeiten **79**

6.1 Akquisitionstraining 81
6.2 Herausforderndes Verhalten 94

6.3 Überprüfung des Fortschrittes 99

7 Aiden – Gute verbale Fähigkeiten 107

7.1 Trainingsprogramm 109
7.2 Herausforderndes Verhalten 119
7.3 Überprüfung des Fortschrittes 121

8 Generalisation 127

8.1 Motorische Fähigkeiten 127
8.2 Schulische Fähigkeiten 130
8.3 Soziale Fähigkeiten 131

9 Antwort auf kritische Einwände 133

Literatur 139

Anhang 141

1 Willkommen zum Präzisionslernen

»Als erstes lassen Sie mich zunächst betonen, dass der Präzisionsunterricht durch Kinder in sonderpädagogischen Klassen entstanden ist. Hätten die Kinder ihren Therapeuten nicht ihre Ideen und Bedürfnisse mitgeteilt, hätten wir Präzisionslernen nicht so gut und schnell entwickeln können.« (Ogden Lindsley)

Präzisionslernen (PL) verändert das Lernen von vielen Kindern durch die folgenden Grundsätze:

- Das Zielverhalten muss genau bestimmt werden.
- Das Kind weiß es am besten.
- Beginne mit den Grundlagen und berücksichtige das Verhältnis der Komponenten zu ihren Endzielen.
- Zeichne den Lernfortschritt auf und analysiere ihn.
- Flüssiges Verhalten ist gekonntes Verhalten.

Der Vater des Präzisionslernens, Ogden Lindsley, und sein Team haben innerhalb der Verhaltensanalyse eine Methode entwickelt, die später die Pädagogik und andere Disziplinen beeinflusst hat. Sie betonten, dass PL im Wesentlichen ein Messsystem ist und keine Lernmethode (Lindsely, 1971). Lindsleys hatte die Idee, dass dieses System nicht nur im Schulunterricht, sondern auch in der Sprachtherapie oder der Krankenpflege eingesetzt werden könnte. In diesem Fall würde es dann nicht um PL allgemein gehen, sondern um Präzisionslernen in der Sprachförderung oder Präzisionslernen im Bereich der Krankenpflege. Mittlerweile ist Präzisionslernen tatsächlich ein integrierter Teil auch von Disziplinen geworden, die nicht akademisch sind. So wird PL beim Tanz, beim Sport, bei der Autismusbehandlung und beim Üben alltäglicher Fähigkeiten eingesetzt, um die jeweiligen Leistungen zu verbessern (s. Videos unter www.theDailyBA.com).

Die verschiedenen Anwendungen des Präzisionslernens sind auch in der Förderung von Betroffenen mit Autismus zu beobachten. Da es sich bei PL um ein Messsystem handelt, kann es bei verschiedenen Kindern eingesetzt werden. So können ältere Kinder mit vielen Fähigkeiten, die an schulischen Aufgaben arbeiten, ebenso davon profitieren wie diejenigen, die jünger sind, noch keine Arbeitshaltung oder nur geringe Sprachfähigkeiten haben. Auch können Kinder, die schwerwiegende Verhaltensprobleme haben, wie Aggression oder hochfrequente Stereotypien, ihr Verhalten durch PL verbessern. Auch Eltern und Therapeuten können von dieser Methode profitieren. So können Therapeuten Ziele des Elterntrainings genau erfassen und Fortschritte kontrollieren. Da es sich um das Messen und die Analyse von Lerndaten in Echtzeit handelt, stellt PL ein sehr sensibles Werkzeug dar, das alle menschlichen Verhaltenshäufigkeiten umfasst. Daher schließt der Ansatz weder bestimmte Personen noch bestimmte Verhaltensziele aus.

Man muss berücksichtigen, dass die klassische Anwendung von PL frei von Inhalten ist und Lernziele nach verschiedenen etablierten Curricula festgelegt werden (Kerr, Smyth & McDowell, 2010). Das ist besonders für Kinder mit Autismus wichtig, denn für diese Kinder gibt es bereits zahlreiche Erfassungsinstrumente und Curricula, die auf die Entwicklung früher Sprache und beginnender Selbstversorgung beruhen. Dabei wird der festgelegte Lehrplan zum Teil an das betreffende Individuum angepasst. Es ist Ziel dieses Buchs, Beispiele für verschiedene zentrale Strategien von PL darzustellen, z. B. freies operantes Verhalten, Lernschritte oder Zeiteinheiten. Diese werden in den folgenden Kapiteln vorgestellt, sodass Sie darauf aufbauend Ihre eigenen Lehrpläne erstellen oder bestehende Pläne bearbeiten können.

Um PL angemessen anzuwenden, muss man zunächst die Standard Celeration Chart (SBD – Standardisierte logarithmische Lernkurve) kennenlernen. Diese wird im Anhang ausführlicher beschrieben (▸ Anhang). Die SBD stellt die Basis für datenbasierte Entscheidungen dar, die für jedes Kind verbindlich sind. PL geht jedoch über einfache Diagramme hinaus. Zu den wichtigen Merkmalen von PL gehört das Definieren und Messen flüssiger/gekonnter Leistungen (▸ Kap. 2), das Ausführen von kurzen Übungsintervallen (▸ Kap. 3), das Messen des Lernfortschritts (▸ Anhang), das Festlegen eines bestimmten Lernschritts (sog. »pinpointing«) und die Analyse von Komponenten/Endzielen (▸ Kap. 4). Ich betrachte es als meine Aufgabe als Autorin, Wissenschaftlerin und Pädagogin, Ihnen nicht nur Beispiele zu geben, wie PL bei Personen mit Autismus-Spektrum-Störungen (ASS) wirksam sein kann, sondern auch die zentralen Merkmale von PL darzustellen, welche diese Methode für jede Population hilfreich macht.

Hinweise für den Leser:
*Sie werden Bilder meiner Familie sehen, meines Mannes Ethan (der auch ein Präzisions-Therapeut ist) und meiner Kinder Kaelin, Drazen und Micha, denen ich sehr dankbar bin, dass sie diese Interventionen demonstrieren. Das Behavior Analyst Certification Board (BACB) fordert Praktiker nachdrücklich auf, das Bild ihrer Klienten nicht für persönliche Zwecke zu nutzen, und deshalb habe ich mich entschieden, Bilder meiner Familie für dieses Buch zu verwenden. Ich hoffe, dass diese Bilder helfen, Klarheit bei einigen Methoden zu bringen, die ansonsten verwirrend oder zu technisch sein können.
**Kliniker können Precision Teaching zusätzlich zu anderen Methoden einsetzen (z. B. Videofeedback, Token-Ökonomie und andere derartige Techniken). Es ist selbstverständlich, dass der Klient immer mit Würde und Respekt behandelt werden sollte und dass die Zustimmung zur therapeutischen Intervention – sofern möglich – vom Klienten gegeben werden sollte.

2 Flüssiges Verhalten

Sowohl in der traditionellen Pädagogik als auch bei ABA-Programmen gelten »Prozent richtiger Antworten« als wichtigste Messeinheit. Therapeuten messen dabei, wie *genau* ein Individuum ein bestimmtes Zielverhalten zeigt. Allerdings ist es oft ein Problem, wenn der Schwerpunkt der Lernüberprüfung lediglich auf der Genauigkeit der Antworten liegt.

Stellen sie sich ein typisches Szenario vor: Zwei Schüler, Laura und Tim, sind in derselben Klasse. Beide schreiben ihren wöchentlichen Mathe-Test und bekommen 100 %. Allerdings war Laura schon nach 15 Minuten fertig und Tim brauchte die komplette Stunde. Hier besteht also ein offensichtlicher Unterschied zwischen beiden Testleistungen, die nicht allein durch »Prozent richtiger Antworten« bewertet werden können. Der Lehrer hat sicher auch diesen Unterschied zwischen den Schülern bemerkt; wenn er jedoch am Ende des Schuljahres ihre Noten durchsieht, wird er nur feststellen, dass sie 100 % richtig geantwortet haben. Das allerdings verdeckt jeden tatsächlich beobachteten Unterschied.

Dieses einfache Beispiel kann man auch auf verschiedene ABA-Ansätze und Kinder mit Autismus anwenden, sei es das Einfügen von Formen in Aussparungen, das Zuordnen von Farben, das Verbinden von Punkten zu Zahlen, das Benennen von Abbildungen, das Lesen oder auch Aufgaben aus dem Bereich der Selbstversorgung.

Stellen sie sich vor, wie ein Kind Zahnpasta auf eine Zahnbürste drückt. In einem Fall sieht die Handlung mühsam aus. Hier dauert es 30 Sekunden, bis die richtige Menge Paste herausgedrückt ist, ohne dass sie in das Spülbecken kleckert. Man kann sich sogar vorstellen, wie die kleine Hand zittert, die Zahnbürste hält und sie an die Augen hebt, um genau festzustellen, wohin sie auf die Zahnbürste gehört. Eventuell drückt das Kind auch ein wenig Zahnpasta heraus, was aber schnell in die Tube zurück gesaugt wird.

Hierbei handelt es sich keineswegs um flüssiges Zähneputzen. Wenn allerdings das Kind dem Gegenüber innerhalb von drei aufeinander folgenden Sitzungen die Zahnpasta zu 100 % ohne kleckern und mit der richtigen Menge auf die Zahnbürste aufträgt, könnte die Fertigkeit als *gemeistert* beurteilt werden. Dieses automatische Verhalten entspricht dem Kriterium des Könnens in ABA-Therapien (Richling & Williams, 2017).

Das typische Zähneputzen erfolgt schnell und ohne viel darüber nachzudenken. Wahrscheinlich schaut man, wenn man hierin kompetent ist, nicht einmal auf die Zahnpastatube oder die Zahnbürste, sondern sieht in den Spiegel oder unterhält sich mit einer anderen Person. Wenn das Verhalten automatisch und mühelos erfolgt, wird es als flüssig angesehen.

Das wichtigste Ziel beim Präzisionslernen ist die flüssige Durchführung von Verhaltensweisen (Binder, 1996). Wenn ich bei meinen Vortragsreisen über das Konzept »Flüssigkeit« rede, zeige ich verschiedene Video-Clips von Schülern, die unterschiedliche Verhaltensweisen lernen. In fast jedem Fall können die Zuhörer das flüssige Verhalten deutlich von dem nicht flüssigen Verhalten unterscheiden, denn es ist oft visuell und akustisch klar erkennbar.

Abb. 2.1: Bereits mit 3 Jahren hat Kailin Spaß daran, in kurzer Zeit so viele Punkte wie durch Zahlen vorgegeben in die Kreise zu malen.

Da PL eine wissenschaftliche Grundlage hat, reicht eine visuelle Inspektion der Lerndaten nicht aus, sondern wir brauchen objektive Berechnungen. Das Verhalten gilt erst als flüssig, wenn es verschiedenen Kriterien entspricht. Dazu gehören Stabilität,

Generalisation, Ausdauer, Anwendung und Generativität (Generativität ist die Kombination von erworbenen Fähigkeiten, um ein unbekanntes Problem zu lösen) (Johnson & Street, 2013). Wenn die angestrebte Fähigkeit diesen Kriterien genügt, gilt sie als flüssig.

2.1 Ergebnisse flüssigen Verhaltens

Stabilität, oder wie man früher auch in Veröffentlichungen gesagt hat: »Merkfähigkeit« ist *ein* Ergebnis von Flüssigkeitsübungen. Es misst die Leistung in einem Zeitraum ohne Übungen oder Trainingseinheiten (Johnson & Street, 2013). Damit ein Verhalten stabil ist, zeigt der Lernende auch bei späteren Tests ein ähnliches Leistungsniveau wie am Ende des ursprünglichen Trainings.

Ein klassisches Beispiel für stabile Fähigkeiten sind Tests nach den Sommerferien. Die Schüler üben möglicherweise ihre mathematischen Fähigkeiten nicht während der Ferien, werden jedoch zu Beginn des neuen Schuljahres erneut darin getestet. Wenn sie ein ähnliches Leistungsniveau haben wie vor Beginn der Ferien, so gilt die Fähigkeit als stabil.

Ein weiteres Ergebnis flüssigen Lernens ist die Ausdauer. Ähnlich wie die körperliche Leistung bei einem Sportler wird bei Lernenden auf ausdauernde schulische Fähigkeiten abgezielt. Beim PL müssen dabei Fähigkeiten über einen längeren Zeitraum mit den gleichen Leistungsniveaus gezeigt werden wie beim ursprünglichen Training (Binder, 1996). In der Regel wird ein Ausdauer-Training 4x so lang durchgeführt wie das Übungsintervall. Wenn also ein Schüler 30 Sekunden lang Buchstaben vorliest, würde seine Fähigkeit durch Ausdauertraining zwei Minuten lang überprüft.

Tatsächlich gibt es eine Menge natürlicher »Ausdauertests« im Leben eines Schülers. Diese Tests dauern in der Regel sehr viel länger als die Übungssituation. Wenn man zum Beispiel in der Übungssituation lernt, sich bei einem Gespräch abzuwechseln, kann ein Gespräch mit einer anderen Person als dem Therapeuten als Beweis für eine anhaltende, generalisierte Fähigkeit gelten. Man kann das mit Läufern vergleichen, die an Ausdauertests teilnehmen: Sie trainieren nicht für einen Marathon, indem sie die volle Marathonstrecke laufen. Stattdessen trainieren sie, indem sie kürzere Strecken laufen und sich so auf den Langstreckenlauf vorbereiten.

Gelerntes Verhalten muss auch bei Ablenkung und Schwankungen stabil sein. Wenn der Schüler eine Leistung auch bei Ablenkung auf einem ähnlichen Niveau wie beim ursprünglichen Training bewältigt, gilt das Verhalten als stabil (Johnson & Street, 2013). Auch hier gibt es im Alltag viele natürliche »Stabilitätstests«. Wenn zum Beispiel ein Elternteil durch den Raum geht und der Lernende dennoch aufmerksam bleibt, ist sein Verhalten stabil.

Das Verhalten eines Lernenden kann auch als stabil bezeichnet werden, wenn er seine Hausaufgaben schnell und präzise erledigt während der Fernseher läuft. Stabilität kann auch auf Grund einer geringen Variabilität der Daten erörtert werden.

Verhalten muss auch im Alltag angewandt werden können, wobei dieses Flüssigkeitskriterium weniger direkt ist als die oben erwähnten Kriterien. »Anwendung« gilt als eine Voraussetzung für die Bewältigung von höheren Fähigkeiten (Binder, 1996). So muss man zunächst den Namen »Melissa« aussprechen können, um dann auf die Frage »Wie heißt Du?« antworten zu können?

Auch sollte man die Zahlen »zwei« und »vier« kennen, um »2+4« addieren zu können.

Geübtes Verhalten, wie »Melissa« zu sagen oder die Zahlen »2« und »4« zu kennen, generalisiert, wenn sich Verbesserungen im Alltag einstellen. Man kann das mit Schwimmern vergleichen, die ein Trittbrett verwenden, um verschiedene Tritte zu verstärken und ihr Schwimmen zu perfektionieren. Zum Trainieren des Oberkörpers wird ein Schaumstoffkeil zwischen die Beine geklemmt und man bewegt sich nur durch Armbewegung vorwärts. Ohne die sonst übliche Unterstützung durch die Beinbewegung werden die Arme gestärkt. Die zwei Komponenten – Arme und Beine – werden also vereinzelt trainiert, so dass sich die Zeit beim nächsten Wettkampf verbessert. Auch hier wird das Endziel des schnelleren Schwimmens durch gezieltes Training der einzelnen Komponenten verbessert.

Zum Schluss gilt »Generativität« als ultimatives Kriterium für flüssiges Verhalten. Wenn gelernte Fähigkeiten zum ersten Mal auf neuartige Weise kombiniert werden, wird von Generativität gesprochen (Johnson & Street, 2013). So lernen Kinder oft Farben und Formen durch entsprechende Spielsteine. Wenn nun das Kind eines Tages einen blauen Luftballon, der wie ein Stern aussieht, als »blauen Stern« benennt, ist Generativität eingetreten. Offensichtlich werden hier zwei zuvor gelernte Konzepte erstmals miteinander kombiniert und damit ein neuartiges Objekt – der blaue Sternballon – benannt. Jedes nachfolgende Auftreten der Bezeichnung »blauer Stern« stellt keine Generativität mehr dar.

2.2 Flüssiges Verhalten messen

Wenn obige Kriterien erfüllt sind, gilt eine Fähigkeit als flüssig oder gekonnt. Da allerdings fortlaufende Tests zeitaufwändig und logistisch schwierig sind, werden *optimale Häufigkeitsziele* festgelegt. Diese machen es wahrscheinlich, dass das Verhalten mühelos und automatisch auftritt. Wenn somit ein Lernender eine bestimmte Häufigkeit (Geschwindigkeit; Anzahl pro Zeit) exakt erreicht, kann man davon ausgehen, dass sein Verhalten flüssig ist (Binder, 1996). Man spricht dabei von »optimalen Häufigkeitszielen«, da jedes Individuum einzigartig ist und die Häufigkeitsziele[1] daher an jeden einzelnen angepasst werden müssen (Haughton, 1972).

Es gibt zwei Möglichkeiten, Ziele zu bestimmen. Der erste und wissenschaftlichste Weg ist es, die Enddaten aller Schüler zu sammeln, die erfolgreich die Flüssigkeitstests bewältigt haben. Dies erfordert jedoch Zeit und Sorgfalt und hilft dem Lehrer nicht dabei, die Geschwindigkeit zu schätzen (z. B. ist das Ziel etwa 20 pro Minute oder 80 pro Minute?). Die zweite Methode, um optimale Flüssigkeitsziele zu bestimmen, ist die normative Auswahl kompetenter Lernender. Diese Methode wird häufiger bevorzugt, wenn zum ersten Mal ein Ziel trainiert wird, für das noch keine umfangreiche Datenbank mit Endleistungen erstellt wurde.

Um kompetente Lernende zu testen, sollte am besten eine Stichprobe derselben demografischen Gruppe genommen werden, mit der man arbeitet bzw. auf die man abzielt. Wenn

1 Zur Vereinfachung werden wir »Häufigkeitsziele« im Folgenden nur noch als »Ziele« bezeichnen.

beispielsweise mit einem dreijährigen Kind mit Autismus gearbeitet wird, können Leistungen von einem normal entwickelten Dreijährigen als Vergleich zugrunde gelegt werden.

Abb. 2.2: 15 Sekunden lang soll das Kind die Bären zu den richtigen Farben sortieren. Um eine Variation mit einzubringen, kann die Reihenfolge der Farben verändert werden oder die Position der Bären (z. B. alle in eine Richtung gucken lassen). Stellen Sie sicher, dass es in dem Beispiel genug Bären gibt, damit es für die vorgegebene Zeitdauer reicht.

Freies und eingeschränktes operantes Verhalten

Um flüssiges Verhalten zu messen, muss man frei operantes Verhalten beobachten. Dieses ist ein spontanes Verhalten, das nicht durch Umgebungsvariablen beeinflusst wird. Demgegenüber umfasst ein wesentlicher Teil der ABA-Therapie diskrete Lerndurchgänge, die als *eingeschränkte Operanten* gelten. Denn hier gibt es *einen* auslösenden Reiz (diskriminativer Stimulus), auf den *eine* Reaktion sowie anschließend *eine* Konsequenz folgt. Der vorangegangene Reiz schränkt ein, wann der Lernende die Reaktion ausführt. Erst nachdem eine weitere Anweisung erfolgt, können nachfolgende Reaktionen ausgeführt werden.

Ein Beispiel für ein *frei operantes Verhalten* ist das Benennen von Tieren. Hier führt der Satz: »Nenne mir alle Tiere, die Dir einfallen« dazu, dass der Lernende verschiedene Tiere für eine bestimmte Dauer frei aufzählt. Beispiel für einen *eingeschränkten Operanten* könnte die Aufforderung sein »Nenne mir ein Tier«, worauf der Lernende »Hund« sagt und daraufhin einen Verstärker bekommt (z. B. Lob/Token). Bei PL liegt der Schwerpunkt demgegenüber darauf, das Verhalten so wenig wie möglich einzuschränken, was zu stärkerer Flexibilität für den Lernenden führt: der selbständigen Darbietung und Imitation von Stimuli, flexiblen Antworten, die mit verschiedener Geschwindigkeit gegeben werden können (Lindsley, 1996).

Das »freieste« Programm zur Bewertung der Kategorisierung besteht darin, dass der Lernende die Objekte einer bestimmten Kategorie aufzählt. Diese Fähigkeit muss jedoch häufig zunächst durch Sortierungsübungen von Objekten nach Kategorien erlernt werden. Die Bilder von Kleidungsstücken können so entweder zum Benennen der Kleidungsstücke dienen oder sie können bei Vorgabe verschiedener Kategorienbilder in den Stapel mit der Kategorie »Kleidung« zugeordnet werden.

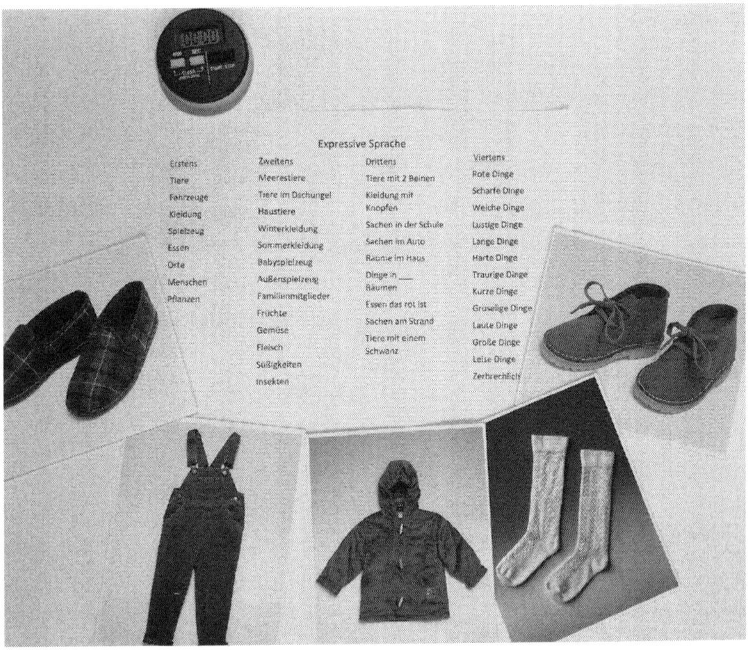

Abb. 2.3: Hier geht es um das Assoziieren zu bestimmten Kategorien wie Kleidung, Tiere oder Orte.

Zusammenfassung

Um die folgenden Kapitel zu verstehen, sind die obigen Ausführungen zentral:

- Genauigkeit allein ist oft ein unzureichendes Maß, um eine Fähigkeit perfekt zu beherrschen.
- Können wird durch die Flüssigkeit bei der Bewältigung der Aufgabe definiert: Hierbei geht es um Geschwindigkeit plus Genauigkeit.
- Um die Flüssigkeit zu messen, müssen wir das freie operante Verhalten beobachten.

- Die Leistung von einem freien-operanten Verhalten erfolgt im Rahmen von Zeitmessungen. Hierbei messen wir Häufigkeit und Genauigkeit.

3 Eindruck vom Präzisionslernen: Die Zeitmessung

3.1 Definition und Ziel

Wenn man Präzisionslernen beobachtet, fällt einem vor allem die Zeitmessung auf. Hierbei geht es darum, dass das Kind ein vorgegebenes Verhalten für eine bestimmte Zeitdauer zeigt. In einer therapeutischen Sitzung wird die Zeitgebung als ein Zeitintervall bezeichnet, bei dem das Kind auf einen einzelnen Stimulus mit unterschiedlichen Antworten reagiert. Es kann sich dabei auch um eine Reaktion auf schnell präsentierte Stimuli handeln. Das Kind könnte z. B. innerhalb von 30 Sekunden auf alle Objekte im Raum zeigen, die mit dem Buchstaben »B« beginnen

(Präsentation nach einer einzigen Aufforderung). Hierbei wird das richtige und falsche »Zeigen auf Objekte« in einem 30-Sekunden-Intervall gezählt. Bei einer multiplen Vorgabe werden Bilder verschiedener Objekte gezeigt, auf die das Kind mit »Ja« oder »Nein« antworten muss, je nachdem, ob das Bild mit dem Buchstaben »b« beginnt oder nicht. Auch dies kann für 30 Sekunden durchgeführt werden, wobei die Anzahl richtig und falsch bezeichneter Bilder gezählt wird.

Zeitmessungen sind wichtig, damit Therapeuten die Reaktionsgeschwindigkeit bestimmen können und nicht nur die Genauigkeit der Antwort. In der vorherigen Geschichte von Laura und Tim konnte der Therapeut nicht beweisen, dass Laura besser als Tim war, da nur die Richtigkeit der Antworten gemessen worden war. Wenn jedoch auch die Dauer der Testbewältigung bestimmt worden wäre, hätte sich daraus nicht nur ein objektiver Vergleich zwischen den beiden Lernenden ergeben, sondern dieser wäre auch anhand der Größe des Zeitunterschieds quantifizierbar gewesen. Wenn der Test zum Beispiel aus 20 Matheaufgaben bestand und Laura ihn innerhalb von 15 Minuten erledigt hat, bedeutet dies, dass sie 1,33 Aufgaben pro Minute zu 100 % richtig beantwortet hat. Tim brauchte demgegenüber eine Stunde, was einem Wert von 0,33 Aufgaben pro Minute bei ebenfalls 100 % richtigen Antworten entspricht. Der Therapeut kann bei dieser Messung beide Schüler nicht nur vergleichen, sondern anhand der Daten auch die Lernentwicklung des individuellen Schülers aufzeigen.

3.2 Beobachtung während einer Zeitangabe

Während einer Zeitmessung ist das Hauptziel des Beobachters, das Verhalten zu zählen. Häufig wird hierbei das Verhältnis von richtigen und falschen Antworten dargestellt. Eine richtige Reaktion könnte mit einer sanften Berührung gepaart werden. Während es wichtig ist, dass falsche Antworten verlernt werden, ist es auch wichtig, dass ein angemessenes Verhalten erlernt wird (Kubina & Yurich, 2012).

Für jede gemessene Fähigkeit, sei es während der »Therapie« oder in der natürlichen Situation, ist eine operationale Definition des Verhaltens erforderlich. Dies stellt sicher, dass alle Personen, die das Verhalten messen, konsistente und zuverlässige Daten liefern. Beim PL wird das Erstellen einer operativen Definition als »pinpointing« (Festlegen eines bestimmten Lernschritts) bezeichnet. Es gibt hierbei drei Komponenten: den Lernkanal, das, was gezählt wird, und den Kontext.

Der Lernkanal bezieht sich auf den Kanal, den das Kind für die Aufgabe einsetzt. Zum Beispiel ist Lesen eine Sehen-/Sagenaufgabe: Das Kind *sieht* ein Wort und *spricht* es dann laut aus. Ein Rechtschreibetest wiederum ist ein Hör-/Schreibaufgabe: Das Kind *hört* das Wort und *schreibt* es (s. Kubina & Yurich, 2012 für eine vollständige Tabelle der Lernkanäle). Hierbei wird das jeweilige Zielverhalten gezählt. Es ist dabei gleichgültig, ob es sich bei den gezählten Reaktionen um Tritte oder gelesene bzw. geschriebene Buchstaben handelt. Da singuläre Ereignisse gezählt werden, weiß der Beobachter, dass er jedes einzelne Verhalten oder jede einzelne Episode zählt. Zählt man zum Beispiel »treten«, werden nur die einzelnen Tritte oder eine Gruppe von Tritten gezählt? Wenn man die ganze Periode des Tretens zählen würde, würde man das als eine Tritt-Episode notieren. So verwendet man lieber das Substantiv »Tritte« und gibt an, um welche Beobachtungseinheit von »eins« es geht (Tritt oder Tritt-Episode), statt das Verb »treten« zu definieren. So wissen alle Beobachter genau was sie zählen sollen. Schließlich bietet der *Kontext* Genaueres in Bezug auf das Verhalten. Welche *Art von Wörtern* wurden gelesen (z. B. Wörter der 4. Klasse)?

Um das Verhalten weiter zu definieren müssen die folgenden Details beschrieben werden: *Wo* fanden die Tritte statt (z. B. in der Schule)? Welche *Schwierigkeitsstufen* wurden bei Matheaufgaben bewältigt (z. B. Multiplikationen mit 4)? Die genaue Beschreibung der Lernschritte wäre zum Beispiel, dass das Kind im Rahmen eines Programms zum *»Sehen/Sagen« die Wortliste der 4. Klasse* liest. Der Beobachter soll dabei jedes gelesene Wort aufzeichnen und es als richtig bzw. falsch einordnen. Die folgende Tabelle zeigt anhand von drei Beispielen die entsprechenden Lernschritte auf.

Tab. 3.1: Drei Lernkanäle und ihre verschiedenen Lernschritte.

Lernkanal	Gezählt	Kontext	Stufe
Sehen/Sagen	Worte	auf Papier	Wörter der 3. Klasse
Frei/Schreiben	Zahlen	Rückwärts/der Reihe nach	zwischen 0–50
Sehen/Markieren	Nomen	Absatz	4 Klasse, Absatz 3

Arten von Zeitmessung

Es gibt zwei Arten von Zeitmessungen: variable und festgelegte. Bei *variablen Zeitangaben* muss das Kind innerhalb einer bestimmten Zeitdauer alle Aufgaben bewältigen. Ein gutes Beispiel dafür ist das Lesen einer Geschichte. Um Verständnisfragen zu beantworten, muss die gesamte Geschichte gelesen werden. Wenn die Geschichte 132 Wörter hat, würde man die Gesamtzeit messen, die zum Lesen der Geschichte benötigt wurde. Um die Geschwindigkeit zu verbessern, sollte sich die Gesamtzeit beim nachfolgenden Lesen der gleichen Geschichte verkürzen.

Eine *festgelegte Zeitdauer* liegt vor, wenn in einer bestimmten Beobachtungszeit eine große oder unbestimmte Anzahl von Antworten gegeben werden muss. Zum Beispiel würde man für das Benennen verschiedener Tiere wahrscheinlich eine feste Zeitdauer nehmen, da das Kind eine beträchtliche Anzahl von Tieren auflisten könnte. Das vorherige Beispiel für das Zeigen auf Items, die mit dem Buchstaben »B« beginnen, ist ebenfalls ein Beispiel, bei dem eine festgelegte Zeitdauer sinnvoll ist. Ein weiteres Szenario, das viele Therapeuten für die Messung von einer festen Zeitdauer verwenden, um eine bestimmte Anzahl von Zielen zu definieren, ist das Lesen von vier Buchstaben.

Bei dieser Aufgabe sind maximale Übungsmöglichkeiten innerhalb kurzer Zeit notwendig. Daher sollte das Kind innerhalb eines festgelegten Zeitrahmens mehr als eine Antwort pro Buchstabe geben (zu unterschiedlichen Gelegenheiten innerhalb des Zeitrahmens). Zum Beispiel könnte das Kind die Laute von Buchstaben auf Karteikarten benennen. Hierbei könnte es fünf Karten pro Buchstaben geben, also insgesamt 20 Karten, wobei nur vier Buchstaben als Ziel ausgewählt werden. Dabei ist es wichtig, dass das Kind während der Trainingsphase genügend Karteikarten hat, auch wenn es zunehmend schneller reagiert.

Die Schritte für eine festgelegte Zeitmessung wären wie folgt:

1. Stellen Sie die Stoppuhr auf 15 Sekunden
2. Mischen Sie die Karteikarten und achten Sie darauf, dass sie einsatzbereit sind.
3. Setzen Sie ein Ziel, das das Kind erreichen muss, um den Verstärker zu bekommen.
4. Achten Sie darauf, dass der Lernbereich frei von Ablenkern ist.
5. Lassen Sie den Lernenden selbst anfangen, wenn er bereit ist, oder zählen Sie herunter (z. B »Auf die Plätze fertig, los!«). Die Wahl der Strategie hängt vom Lernenden ab.
6. Das Kind (oder auch der Therapeut) geht schnell durch die Karten. Das Kind versucht, in der vorgegebenen Zeit so viele Buchstaben zu benennen wie möglich.
7. Der Therapeut notiert Fehler und richtige Antworten.
8. Wenn die Zeit abgelaufen ist, hört das Kind auf und der Therapeut beendet seine Aufzeichnungen.
9. Der Therapeut verstärkt und gibt korrektives Feedback.
10. Der Therapeut überträgt die Daten in eine grafische Darstellung.

Die vorherigen Schritte würden mit den folgenden kleinen Anpassungen einer variablen Zeitdauer entsprechen.

- Schritt 1: Die Stoppuhr sollte bei »0« anfangen und die Zeit zählt hoch, sobald auf Start gedrückt wird.
- Schritt 8: Die Zeitmessung endet mit Ende des Kartenhaufens.

Festlegen der Zeitdauer

Die allgemeine Regel zum Bestimmen einer Zeitdauer besteht darin, genügend Übungsmöglichkeiten zuzulassen, aber gleichzeitig auch zu verhindern, dass das Kind erschöpft ist. Für ein Verhalten, bei dem das Ziel 100/Minute ist, kann eine Zeitdauer von einer Minute etwas zu lang sein, da das Kind ermüden kann.

Um dieses Phänomen zu testen, könnte man Vokale (a, e, i, o, u) 30 Sekunden lang schreiben lassen und gleichzeitig die entsprechenden Laute sprechen lassen. Dies kann in der gleichen oder einer Zufallsabfolge durchgeführt werden. Kann man hier beobachten, dass das Kind einen Sprachblock hat oder gegen Ende des Lernintervalls oberflächliche Fehler macht? Möchte es eventuell nach 20 Sekunden bereits aufhören? Was passiert, wenn man die Zeit auf eine Minute verdoppelt würde?

Ein häufiges Missverständnis beim PL ist, dass alle Zeitangaben in Intervallen von einer Minute durchgeführt werden. In den Anfängen von PL war dies eine gängige Praxis, da Forscher und Pädagogen die Praktiken zunächst entdeckten und verfeinerten. Dagegen hat sich im Laufe der Zeit gezeigt, dass ein festes Ein-Minuten-Timing wenig sinnvoll ist. In etablierten Schulen und Lernzentren wurde es mittlerweile durch flexiblere Zeitmessung ersetzt.

Ähnlich wie beim Benennen von Buchstaben scheinen auch hier 100 Übungsdurchgänge sinnvoll. Andererseits kann diese Intensität jedoch zu negativen Reaktionen des Lernenden führen, sofern diese Timings nicht in kurze »Sprints« (z. B. von 15 Sekunden) zerlegt werden (Hasbrouck, Milyko & Weil, 2013). Darüber hinaus zeigen die Daten, dass für Grundfertigkeiten ein 15-Sekunden-Timing immer noch flüssige Ergebnisse liefert, die mit der Leistung eines 1-Minuten-Timings vergleichbar sind (Kaelin, Rickard & Berens, 2007). Daher ist bei einigen grundlegenden Fähigkeiten mit einem höheren Ausdauerziel (z. B. 60+/Minute), eine Zeitdauer von 15 Sekunden durchaus angemessen.

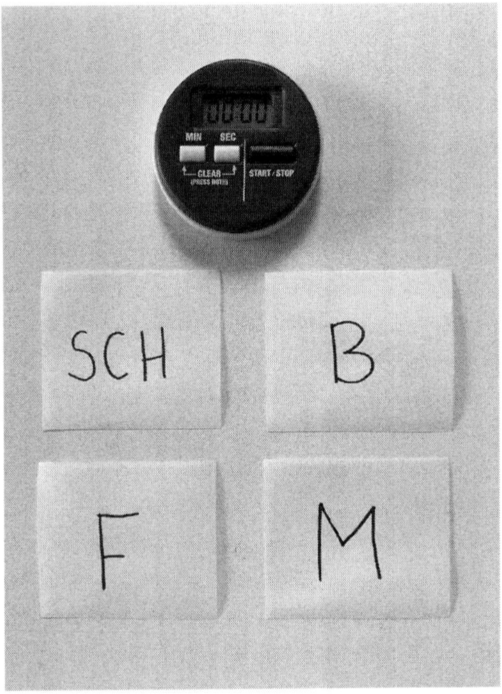

Abb. 3.1: Dies ein weiteres Beispiel, neue Ziele auf verschiedene Weise anzugehen. Wenn ein Kind lernt, Buchstaben zu lautieren, ist es zunächst hilfreich, dass er sie vom Therapeuten imitiert (Wiederholung – Hören+Sehen/Sagen+zum Buchstaben zeigen). Bei späteren Zeitmessungen kann der Therapeut das Kind auffordern, den Buchstaben laut zu sagen und darauf zu zeigen (non-verbales Benennen – Hören/Zum Buchstaben zeigen). Anschließend kann mit der Programmcheckliste überprüft werden, ob das Endziel (selbstständig den Buchstaben sagen (Sehen/Buchstaben laut sagen) erreicht wurde.

Generell muss man beachten, dass die Zeitdauer individuell angepasst werden muss. Wenn das Kind wie im Beispiel oben Schwierigkeiten hat, Perlen auf eine Schnur zu fädeln und nur

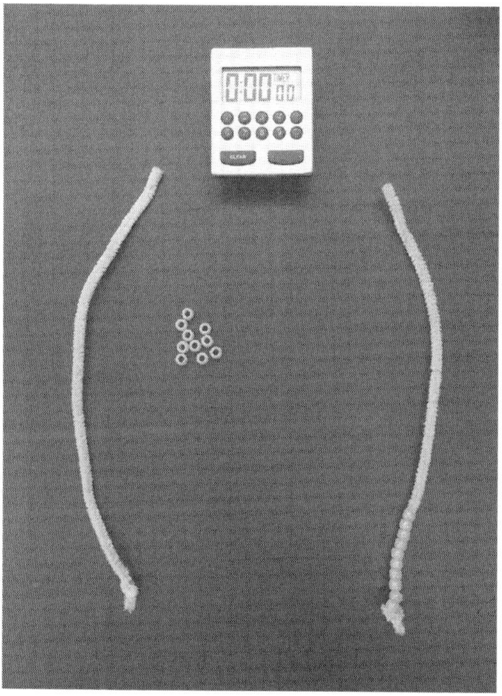

Abb. 3.2: Das Aufziehen von Perlen auf Pfeifenputzer wird für die Verbesserung der Feinmotorik eingesetzt. Die Perlen werden dabei mit der dominanten Hand auf den Draht gesteckt und mit der anderen nach unten gezogen. Ein Knoten am Ende des Drahts sorgt dafür, dass die aufgezogenen Perlen nicht wieder herausfallen.

fünf Perlen in 15 Sekunden schafft, kann der Therapeut die Zeitdauer auf eine Minute erhöhen. Wenn dieser Lernende im Laufe der Übungen nun schneller und präziser wird, kann der Therapeut das Timing wieder auf 15 Sekunden reduzieren, da der Schüler wahrscheinlich bei einminütiger Übung an seine Grenzen bezüglich Müdigkeit und Ausdauer stößt. Umgekehrt kann das

Kind mit einer kürzeren Zeitspanne beginnen und diese erhöht werden, wenn sein Leistungsvermögen in jedem Intervall das Frequenzziel erreicht. Wenn das Verhalten auf zunehmende Ausdauer abzielt, weil es eine komplexere Fähigkeit trainiert, ist diese systematische Verlängerung des Übungsintervalls sinnvoll.

Zum Beispiel ist Lesen eine Fähigkeit, die über einen längeren Zeitraum durchgeführt werden kann und sollte. Daher könnte speziell für junge Leser so ein Ausdauertraining erforderlich sein. Der Leser könnte eine Liste von Wörtern in 15 Sekunden lesen und so das Zielkriterium erreichen. Danach kann die Zeitdauer auf 30 Sekunden erhöht werden. Das Kind müsste dann 30 Sekunden lang das Flüssigkeitsziel erreichen, bis er eine längere Zeitdauer von einer Minute versuchen kann. Dieselbe Strategie könnte auf das Lesen von Paragrafen mit der kürzeren Zeitdauer von einer Minute angewandt werden. Auch hier kann die Zeit langsam auf 10 Minuten erhöht werden.

Training

Ein weiteres deutliches Merkmal einer PL-Messung ist das Verhalten des Therapeuten. Während der Therapeut das Verhalten des Schülers beobachtet, kommentiert und ermutigt er oft. So wie ein Sporttrainer eine Sportlerin für ihre gute Leistung lobt oder Feedback gibt über mögliche Leistungssteigerung ist ein Präzisionslehrer ein vergleichbarer »Lerntrainer«.

Lob

Wenn ein Kind schnell und präzise antwortet, sollte der Therapeut loben, wie: »Ja! Genau so! Du bist so schnell! Super machst Du das!« Die verschiedenen Lobäußerungen zeigen dem Lernenden nicht nur, welche Erwartungen er erfüllt, sondern sie tragen auch dazu bei, eine schnelle und genaue Leistung aufrechtzuerhalten. Allerdings sollte man beachten, dass die Kommentare möglichst kurzgehalten werden sollten, um den Lernenden nicht abzulenken.

Man sollte besonders dann nicht mit Lob sparen, wenn ein Kind korrekt auf etwas reagiert, das es zuvor falsch gemacht hat. Wenn es zum Beispiel beim Benennen von Farben »Gelb« anstelle von »Orange« sagt, aber schließlich korrekt auf die Farbe Orange reagiert, zeigt ein hörbares »Ja!«, »Jippee!« oder ein anderer deutlicher Beifall die Begeisterung für die Verbesserung.

Abb. 3.3: Einige PL-Sitzungen finden am Tisch statt, damit schneller gelernt werden kann. Ein strukturiertes Setting bedeutet nicht gleich, dass die Lernsituation weniger Spaß macht. Ziele, die für das Kind erreichbar sind, und Lernen in einer ermutigenden Situation können sowohl für das Kind als auch den Therapeuten sehr erfreulich sein.

Ermutigung

Es ist jedoch wahrscheinlich, dass man beim Erlernen neuer Fähigkeiten öfter in Situationen kommt, in denen Lernende ermutigt werden müssen. Beim Ermutigungs-Coaching werden Regeln für das Verhalten festgelegt, um eine optimale Geschwindigkeit und Genauigkeit zu erreichen. Ermutigende Kommentare können sein: »Los schneller!« »Los, los, los!« »Du schaffst das«, »Ich glaube an dich!« »Fast geschafft.« Hierbei handelt es sich um einfache Kommentare zur Förderung von schnellen und genauen Reaktionen.

Auch sollte man immer nach einer Selbstkorrektur oder einem Zögern ermutigendes Feedback geben. Wenn das Kind pausiert und dann eine Antwort gibt (ganz gleich ob richtig oder falsch), sollte der Therapeut den Lernenden ermutigen, weiter zu antworten. Es ist fast so, als ob die Ermutigung eine mögliche Kette von Pausen, verzögerten Antworten mit »Ehm«-Lauten des Lernenden unterbricht. Wenn diese Strategie nicht angewandt wird, neigen die Lernenden zur wiederholten Nutzung von Fülllauten wie »Ehm«, bevor sie angemessen antworten: »Ehm... gelb, ehm... blau, ehm... grün«. Das Zögern bzw. die Fülllaute verlangsamen die Reaktion und unterdrücken die Häufigkeit der korrekten Farbnamen.

Häufig wird gesagt, dass es die beste Praxis ist, während eines Timings zu coachen. Einige Lernende reagieren während der Aufgaben allerdings negativ auf vernehmbares Coaching. Das kann für all ihre Programme zutreffen oder aber nur für ganz spezifische. So mögen einige Lernende das Coaching, wenn sie dabei schreiben dürfen, aber weniger, wenn sie sprechen müssen. Manche finden die Aufmunterung gut, aber mögen es nicht, während der Aufgabe gelobt zu werden. Manche bevorzugen das Coaching, wenn sie mit ihrer Leistung nahe am Ziel sind, anstatt am Anfang eines Programms oder aber umgekehrt. Am besten ist es, diese Situationen zu testen und anhand des Lernenden und seiner Daten festzulegen, wie Coaching während einer PL-Sitzung durchgeführt wird.

3.3 Strategien vor der Zeitmessung

Neben den obigen Entscheidungen zur Zeitmessung sind weitere Strategien erforderlich, um bestmögliche Ergebnisse zu erzielen. Dazu gehören Organisationsstrategien, explizite Regeln und Kriterien

Vorhandene Materialien

Benötigte Materialien bei PL-Programmen können wie bei jedem anderen ABA-Programm mehr oder weniger aufwendig sein. Da man beim PL jedoch sowohl die Geschwindigkeit als auch die Genauigkeit misst, muss alles bereit sein, um ein schnelles Reagieren zu ermöglichen. Wenn das Kind mit dem Therapiematerial stimuliert oder ein Stapel Karten nicht gemischt ist oder nicht schnell genug umgedreht werden kann, reagiert das Kind langsamer, als wenn alles für die Übungseinheit bereit ist.

Generell muss in der unmittelbaren Lernumgebung (z. B. Boden, Tisch, Raum) Ablenkung so weit wie möglich ausgeschlossen werden. Markierungen, Büroklammern, Bausteine, Tokenbretter usw. sollten sich während der Zeitmessung außerhalb der Reichweite des Lernenden befinden. Wenn das Kind in der Lage ist, während des Timings aufmerksam mit ruhigen Händen zu sitzen und nicht mit den Materialien spielt, sollte dies

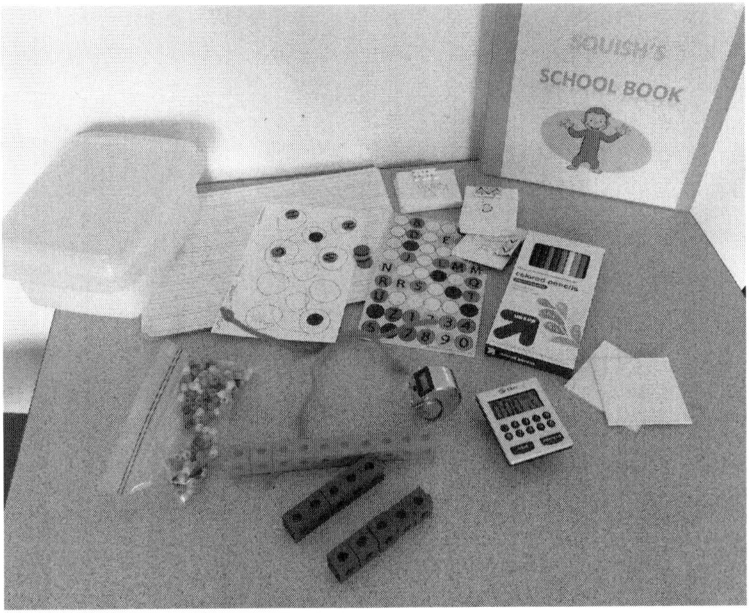

Abb. 3.4: Dieses Bild zeigt Materialien, die für jüngere Kinder geeignet sind. Konkrete Gegenstände wie Bausteine helfen, abstrakte Konzepte zu verdeutlichen. Sticker werden meist benutzt, um das Erreichen der Ziele zu verdeutlichen.

unterstützt und belohnt werden. Ein Kind, das sich auf einem Computerdrehstuhl dreht, reagiert wahrscheinlich langsamer als dasjenige, das ruhig auf einem normalen Stuhl sitzt und sich nur auf die Anweisung und nicht auf das Drehen konzentriert. Ich hatte zum Beispiel einmal einen Schüler, der seine Arme bei den Zeitmessungen wie eine weiche Brezel drehte. Dieses Verhalten lenkte ihn ab und er konnte die Flüssigkeitsziele der verschiedenen Programme nicht meistern. Er war sich dieses Verhaltens nicht bewusst, so dass die einfache Regel, die Hände zu falten, nicht ausreichte. Ich klebte daher eine leere Toilettenpapierrolle auf den Tisch und er hielt sie während der Timings fest (wie einen Griff). Nachdem er hiermit das Kriterium erreicht hatte, schnitt ich die Rolle kleiner, bis sie ein kleines Pappstück war, und entfernte sie dann vollständig. Zu diesem Zeitpunkt war er in der Lage, mit gefalteten Händen selbständig aufmerksam zu bleiben.

Neben den obigen Voraussetzungen sollte ein Programm nicht ohne das richtige Datenblatt, das Lehrmaterial, die richtig eingestellte Uhrzeit auf dem Timer oder einen Zähler zum Verfolgen der Antworten begonnen werden. Aus diesem Grund muss der Therapeut Folgendes tun:

1. Bereiten Sie die benötigten Programmmaterialien vor (z. B. bestimmte Formen, Farbsteine, Lernkarten, Skripte mit Fragen, die während des Timings gestellt werden müssen, die Wort-Lese-Liste oder die zu bewältigenden Probleme).
2. Überprüfen Sie, wie das Programm ausgeführt werden soll und was gezählt wird: Achten Sie auf den genauen Lernschritt, den aktuellen Lernkanal und das geplante Zeitintervall.
3. Vergewissern Sie sich, dass die in der Programmbeschreibung oder in der Tabelle angegebene Timing-Länge mit der am Timer eingestellten übereinstimmt.
4. Vergewissern Sie sich auch, dass die Starttaste gedrückt wird und nicht die Löschtaste – dies kommt sehr häufig vor.
5. Bestimmen Sie, wie das Verhalten aufgezeichnet wird, und halten Sie entsprechende Materialien bereit. Dies kann eine Post-it-Notiz, ein Datenblatt oder ein Klick auf einen Ereigniszähler sein. Unabhängig davon, welches System ausgewählt ist, stellen Sie sicher, dass es betriebsbereit ist, wenn der Timer startet.
6. Ordnen Sie Unterrichtsmaterialien für den Lernenden. Wenn der Schüler von einem Arbeitsblatt liest oder Gegenstände benötigt, stellen Sie sicher, dass diese eindeutig sind und zugänglich vor ihm liegen. Vergewissern Sie sich, dass der Schüler nicht geblendet wird und sein Bestes geben kann.

Neben Materialien, die für bestimmte Programme benötigt werden, zeigt das folgende Bild einige gängige Tools, die von Präzisions-Therapeuten verwendet werden.

- Timer: Ein Timer sollte – je nach Bedarf Ihres Programms – vor- und zurückzählen.
- Ereignis-Clicker: Auf diese Weise können Sie schnell auftretende Verhaltensweisen leichter verfolgen.
- Messkarte: Mit der SCC-Messkarte wird die Flüssigkeit eines Verhaltens bestimmt (SCC – Standard Celeration Chart). Diese Karte kann man auch gut verwenden, um gerade Linien zur Phasenänderung in die Lernkurven einzutragen.
- Löschmarker und Radiergummi: Diese sind hilfreich beim Schreiben von Programmen, um Papierverschwendung zu reduzieren. Es ist auch hilfreich, Startpunkte und Ziele auf Arbeitsblättern anzugeben, die sich im Kunststoffhüllen befinden.
- Stifte: Ein Bleistift Nr. 2 für den Schüler und ein Druckbleistift für den Therapeuten zum Zeichnen.

Klare Regeln

Auch wenn das Kind die Fertigkeit bereits mehrere Male ausgeführt hat, ist es immer gut, vor dem Auftritt eine schnelle und klare Anweisung zu geben: »Bitte lies diese Wörter.«, »Ich möchte, dass Du auf diese mathematischen Probleme antwortest.«, »Sag ob diese Bilder gleich oder verschieden sind.«

Für die erste Durchführung des Programms ist möglicherweise eine längere Erklärung erforderlich. So sind oft einfach verständliche Details oder sogar Modelle und Beispiele dessen, was das Kind tun soll, hilfreich. Beispielsweise kann der Therapeut die Aufgabe vormachen und den Lernenden das Modell imitieren

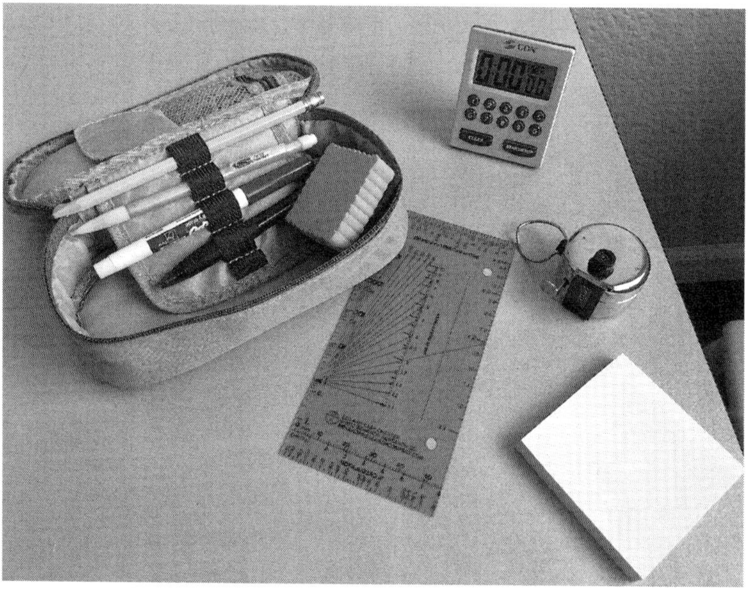

Abb. 3.5: Eine Therapeuten-Mappe gehört zu PL-Sitzungen dazu.

lassen. Danach kann er dem Lernenden eine neue Aufgabe geben, um sein Verständnis zu überprüfen. Außerdem sollte der Therapeut sicherstellen, dass das Kind den Lernkanal der jeweiligen Aufgabe kennt: Wie die Aufgabe dargestellt wird (z. B. »Ich zeige Dir jetzt Lernkarten«, »Hier kannst Du Buchstaben auf einem Blatt sehen«, »Gleich hörst Du das Wort ...« usw.) und was genau das Kind tun soll (z. B. »Sage den Laut.«, »Berühre den Buchstaben.«, »Schreibe das Wort.«).

Schließlich muss der Therapeut auch ansagen, wann das Kind anfangen kann zu antworten. Hierbei kann je nach Lernendem entschieden werden. Einige Lernende zeigen die besten Leistungen, wenn sie selbst bestimmen können, wann das Timing beginnt. Andere schneiden besser ab, wenn der Therapeut den

Startbefehl gibt, z. B. »Auf die Plätze, fertig, los!«. Der Therapeut sollte in jedem Fall dem Lernenden gestatten, die von ihm bevorzugte Methode zu wählen, aber auch prüfen, ob die gewählte Methode für den Lernenden geeignet ist. Wenn die Leistung nachlässt, sofern das Kind mit dem Timing beginnt, weil er zum Beispiel vor dem Starten des Timers herumspielt, sollte der Therapeut möglicherweise derjenige sein, der das Timing beginnt.

Kriterium für die Verstärkung

Es ist wichtig, dass sowohl der Therapeut als auch das Kind wissen, wie es zu einer Verstärkung kommt. Muss das Kind schnell reagieren? Wenn ja, wie schnell? Muss es einige schwierige Fragen richtig beantworten? Wenn ja, welche? Muss es zu einem bestimmten Wort oder einer bestimmten Zeile/Antwort gelangen, um die Verstärkung zu erhalten? Wenn ja, welche/s? Je nach Lernendem und der möglichen Verstärkung kann der Therapeut die spezifischen Informationen mit dem Lernenden teilen oder nicht. Es kann allerdings bei einem Lernenden auch ausreichen, das er lediglich die Regel kennt »Wenn Du Dich beeilst, wirst du verstärkt.« Der Therapeut muss jedoch die spezifische und nicht die allgemeine Regel kennen, wann die Verstärkung abgegeben werden muss.

Ähnlich wie beim Coaching reagieren nicht alle Kinder gut auf Einzelheiten zum Zugriff auf einen Verstärker. Für Lernende, die bereits Erfahrung mit Spielen, Sport und dem Erreichen festgelegter Ziele haben, ist das Setzen von Zielen bekannt und meist positiv besetzt. Demgegenüber haben aber viele Lerner, die eine PL-Intervention benötigen, Erfahrungen damit, Ziele nicht erreicht zu haben. Möglicherweise waren sie bei Tests erfolglos und sind nun in ähnlichen Situationen ängstlich und voller Selbstzweifel. Wenn das Ziel für diese Lernenden sichtbar ist, verlangsamen sie sich häufig während des Timings oder aber sie vermindern ihre Geschwindigkeit bei nachfolgenden Timings. Hier ist die allgemeine Regel: »Mach einfach so schnell Du kannst und wir sehen dann, ob es für eine Belohnung schnell genug ist!«

In PL werden verschiedene Möglichkeiten zur Verstärkung eingesetzt: Flüssigkeitsziele, persönliche Bestzeiten und Perzentil-Pläne. Da es sich hier jedoch um komplexe Verstärker-Kontingenzen handelt, wäre jeweils ein Kapitel für deren vollständige Erläuterung erforderlich. Die allgemeine Regel lautet: »Steigere die Geschwindigkeit und Genauigkeit – dann wirst Du verstärkt.« In jedem Fall muss es für den Lernenden möglich sein, eine Verstärkung für verbesserte Geschwindigkeit und Genauigkeit zu erreichen. Auch sollten die Verstärker häufig genug eingesetzt werden, so dass die gesamte PL-Sitzung Spaß macht. Wenn das Kind allerdings negativ reagiert und seine Leistung nachlässt, ist es eine gute Strategie, den Zugang zu einer Verstärkung zu erleichtern. Für den Fall, dass das Kind dann allerdings nach jedem Timing mit einer Verstärkung rechnet, kann der Therapeut die Schwierigkeit, das Kriterium zu erfüllen, geringfügig erhöhen. Ähnlich wie beim Übergang von einem kleinen zu einem großen Verstärkungsintervall darf der Wechsel von leichten zu schweren Anforderungen nicht zu groß sein, um das Verhalten nicht negativ zu beeinflussen.

Nachdem das Kriterium für die Verstärkung bekannt ist, werden der Verstärker und der Verstärkerplan festgelegt. Viele Lernzentren und Schulen setzen Token-Ökonomien ein, bei denen das Kind Punkte oder Spielgeld verdient, das später gegen tatsächliche Preise, Pausen oder Esswaren eingetauscht werden kann. Dies ermöglicht einen kontinuierlichen Fortschritt während der PL-Sitzung mit minimalen Ablenkungen. Der Therapeut

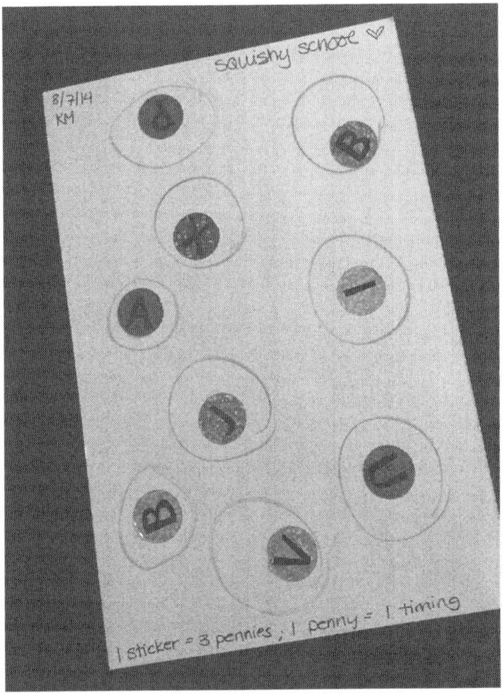

Abb. 3.6: Durch eine Internetsuche kann man schnell gut gemachte »Token-Tafeln« finden oder diese auch selbst erstellen. Das Bild zeigt eine Token-Tafel für ein 2,5-jähriges Kind. Zu Beginn der Therapie habe ich einfach farbige Kreise gemalt, um das Ende der Aufgabe darzustellen. Für jede fertige Übung hat das Kind einen Pfennig bekommen. Wenn sie drei Pfennige verdient hat (drei Durchgänge pro Sitzung), hat sie am Ende einen Sticker bekommen, den sie in einen der farbigen Kreise geklebt hat. Während jeder Sitzung habe ich die Anzahl der Kreise/Programme, die sie erledigen sollte, langsam erhöht. Sobald sie alle Sticker auf die Kreise geklebt hat, bekam sie ihre Überraschung (meist einen kleinen Keks).

muss sicherstellen, dass jüngere Lernende und diejenigen, die stärker von ASD betroffen sind, erfolgreich sind, wenn sie eine Token-Ökonomie aufbauen. Oft ist zunächst ein Eins-zu-Eins-Verhältnis von Token zu Preis erforderlich, um das Verhältnis von Token zu Preis zu verstehen. Nach erfolgreicher Umsetzung dieser Strategie kann die Anzahl der Token, die in einen Preis eingetauscht werden können (z. B. zwei Token für eine Minute Tablet-Zeit), erhöht werden. Dieser Prozess wird sehr gut von Kazdin (1977) beschrieben.

3.4 Nach einem Timing

Wenn alle Materialien bereitgestellt sind, wird ein Kriterium für die Verstärkung festgelegt. Dann fängt das Kind mit dem Timing an und der Therapeut verfolgt die Timing-Länge und korrigiert Fehler. Wenn der Timer am Ende des festgelegten Intervalls ertönt (für feste Zeiten) oder wenn das Kind auf den gesamten Satz von Unterrichtsmaterialien reagiert (für variable Zeiten), stoppt das Kind und der Therapeut hört mit seiner Datennahme auf. Die Rolle des Therapeuten ist jedoch für dieses singuläre Timing noch nicht beendet.

Differenziertes Lob

Während der Therapeut wahrscheinlich während des Timings kurzes Feedback gegeben hat, ist eine generelle Rückmeldung am Ende des Timings unerlässlich. Oft möchte das Kind am Ende des Lerndurchgangs erfahren, wie seine Leistung war oder fragt:

»Also, wie habe ich es gemacht?« Offensichtlich hat hier der Therapeut zu lange mit einem differenzierten Lob gewartet. Es sollte mindestens ein positives Verhalten des Lernenden geben, wie z. B. schnelle Antworten, richtig auf etwas zuvor Schwieriges reagieren, die Hände stillhalten, im gesamten Timing aufpassen. Differenziert bedeutet, ein Merkmal des Verhaltens auszuwählen, das gelobt werden kann, ohne sich um den Teil der Leistung zu kümmern, der korrigiert werden muss. Sprechen Sie an, was gut gemacht wurde, wie z. B.: »Mir hat sehr gut gefallen, wie du dabeigeblieben bist und nicht aufgehört hast, auch wenn es schwierig war.« »Großartige Arbeit, diesen Fehler zu beheben!« »Du bist *so* schnell gewesen!«

Zu diesem Zeitpunkt sollte der Therapeut sich zurückhalten mit korrigierendem Feedback. Oft neigen Therapeuten eher dazu, Fehler zu korrigieren als sich um das »Gute« bei einer Trainingseinheit zu kümmern. Wenn der Therapeut sofort das betont, was hätte getan werden sollen oder was anders zu tun ist, geht das darauf folgende Lob oft unter oder wird nicht akzeptiert. Daher ist es optimal, einen größeren zeitlichen Abstand zwischen dem Timing und der Fehlerkorrektur zu einzuplanen.

Verstärker-Gabe

Da das Kriterium für die Verstärkung und die Art der Verstärkung bereits festgelegt wurde (z. B. als Token-Ökonomie), ist nach dem Übungsdurchgang lediglich eine einfache Rückmeldung über das Erreichen oder Nicht-Erreichen der Ziele notwendig. Die Verstärkung, ob Token, Punkte, Lebensmittel, Pausen etc., sollte sofort gegeben werden. Kombinieren Sie die Gabe des Verstärkers mit einem verhaltensspezifischen Lob, das deutlich macht, warum das Kind den Verstärker erworben hat.

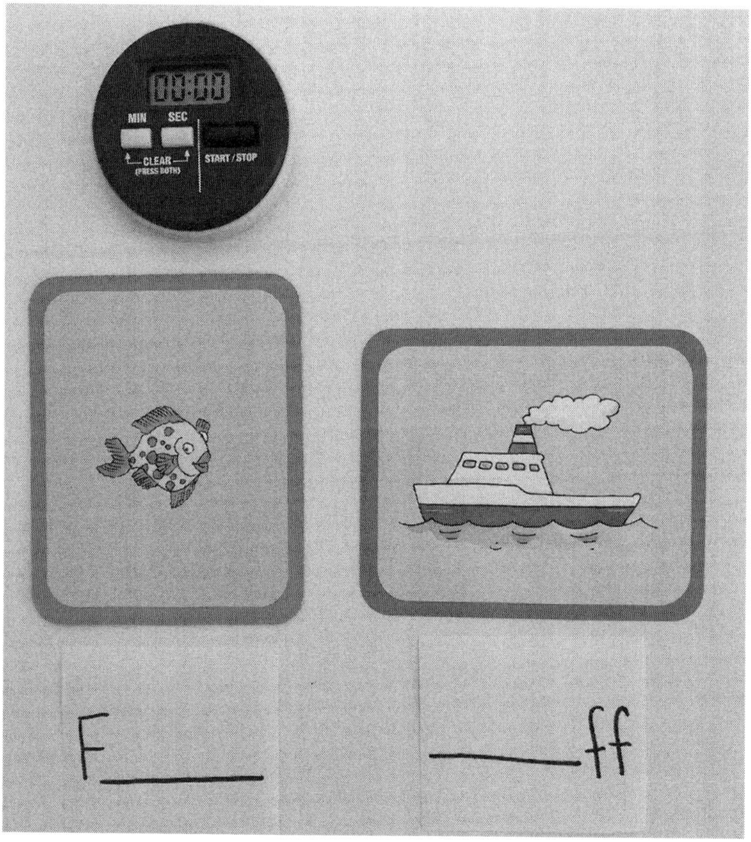

Abb. 3.7: Hier geht es um das Erkennen von End- und Schlusslauten in einem Wort. Diese Übung hilft bei der Artikulation von Wörtern und dem phonologischen Verständnis. Visuelle Hilfen wie »F_____« und »______ff« werden auf den Tisch gelegt. Der Therapeut legt ein Bild vor das Kind entweder mit dem F-Laut der zum Wortanfang oder Ende. Das Kind antwortete dann mit »Anfang« oder »Ende«. Ziel ist es, keine visuellen Hilfen mehr anwenden zu müssen.

Fehlerkorrektur

Eigentlich müsste dieses Thema in einer eigenständigen Broschüre behandelt werden. Da das den Rahmen des Buches sprengt, beschränken wir uns im Folgenden auf einige hilfreiche Tipps zur Fehlerkorrektur. Bitte beachten Sie, dass dies alles auf den speziellen Lernenden und das spezifische Programm bezogen werden muss.

Berücksichtigen Sie das Schwierigkeitsniveau. Wenn es mehr fehlerhafte als richtige Antworten gibt, ist das Niveau für den Lernenden zu hoch. Möglicherweise müssen Sie zu einer vorherigen Ebene zurückkehren oder Hilfestellungen geben, um die aktuelle Ebene zu vereinfachen.

Nicht alle Fehler berücksichtigen. Eine gute Regel ist es, maximal zwei bis drei Fehler zu berücksichtigen. Wenn der Therapeut zu viel korrektives Feedback gibt, wird der Schüler wahrscheinlich etwas von dem, was geprüft wurde, vergessen und weiterhin Fehler machen. Da eine Fehlerkorrektur unerwünschte emotionale Verhaltensweisen hervorrufen kann, ist es wichtig, sich nur um die Fehler zu kümmern, die häufig auftreten.

Achten Sie nicht auf die Topografie des »Fehlers«. Einige meiner Lernenden diskutieren gerne über ihre Fehler. Der Therapeut sollte es so weit wie möglich vermeiden, in diese Debatte einzusteigen, da dies Zeitverschwendung ist und die Kontrolle über den Unterricht einschränkt. Eine gute Strategie, um die Debatte zu vermeiden, besteht darin, gar nicht erst anzukündigen, dass der Schüler irgendetwas falsch gemacht hat. Der Therapeut sollte den Stimulus, der zu dem Fehler geführt hat, einfach wiederholen. Wenn das Kind Wörter liest, kann der

Therapeut auf das falsch gelesene Wort zeigen und sagen: »Wie heißt dieses Wort noch einmal? Ich habe Dich nicht richtig gehört.« Dies minimiert die negative Konnotation von Fehlern und bietet dem Lernenden eine zusätzliche Möglichkeit, das Wort richtig zu lesen. Oft liest das Kind es anschließend fehlerfrei und man kann einfach weitermachen. Wenn das Kind erneut einen Fehler macht, kann der Therapeut Folgendes tun:

- Machen Sie die richtige Antwort vor.
- Geben Sie die Anweisung erneut (z. B. »Wie heißt das Wort?«).
- Loben Sie die Korrektur.
- Bitten Sie den Lernenden, eine einfache Anweisung desselben Programms zu beantworten (z. B. ein Wort vorzulesen, das er häufig richtig liest).
- Loben Sie die richtige Antwort.
- Kehren Sie zum ursprünglich falsch gelesenen Wort zurück und fragen Sie erneut, wie es heißt.

Fehlerüberprüfung vor dem Timing. Wenn das Kind häufig Fehler macht, kann der Therapeut diese unterhalb der Lerngrafik oder auf einem Post-it-Zettel vermerken. Auf diese Weise kann der Therapeut 1) beurteilen, ob der Fehler zufällig oder gewohnheitsmäßig ist, und 2) die fehlerhafte Antwort üben, bevor das Programm überhaupt beginnt. Erfahrene Therapeuten werden beim Vorbereiten der Sitzung einige frühere Fehler überprüfen. So wird das Kind beschäftigt, während sich der Therapeut auf die Sitzung einstimmt. Das Kind bekommt gleichzeitig die Chance, »Problem-Items« vor dem Timing zu üben, um während des Timings erfolgreicher zu sein.

Basis Programm. Wenn diese Strategien nicht funktionieren, kann der Therapeut die spezifischen Fehler isolieren und ein Basisprogramm erstellen, bei dem das Kind einfach die Problemstimuli des eigentlichen Programms bearbeitet. So haben viele Lernende Schwierigkeiten, »b« und »d« zu unterscheiden, was beim Lesen dann sehr oft interferiert. Um das zu beheben, kann man ein »b/d +«-Programm durchführen, bei dem das Kind die Namen oder Laute von b-, d-, m- und k-Buchstaben isoliert und im Kontext von Wörtern aussprechen soll. Dieses fokussierte, intensive Programm hilft, Fehler in den allgemeinen Leseprogrammen zu beseitigen.

Diagramm. Zum Schluss des Lernprogramms muss der Therapeut die Leistung des Lernenden aufzeichnen. Dies wird im nächsten Kapitel ausführlich beschrieben.

Zusammenfassung
Oft denken Beobachter und neue Praktikanten im Precision Teaching Learning Center, dass unsere Arbeit mit PL eher simpel ist. Auch wenn Anweisungen wie die folgende ganz einfach aussehen: »Zeichnen Sie einen Pfeil neben einen Absatz und lassen Sie den Lernenden lesen.« hat dieses Kapitel deutlich gemacht, dass PL alles andere als einfach ist. Der Therapeut muss sich bereits beim Vorbereiten der Lerndurchgänge mit den problematischen Antworten befassen. Daneben muss er sich darum bemühen, eine gute Beziehung zum Lernenden aufzubauen. Während sich das Kind mit dem Timing beschäftigt, coacht der Therapeut, indem er Lob/Ermutigung gibt. Am Ende des Timings gibt der Therapeut verhaltensspezifisches Lob mit oder ohne zusätzliche Verstärkung, während er eine Fehlerkorrektur vornimmt (oder nicht) und das Verhalten aufzeichnet. In vielen Lernzentren und Schulen dauert es Monate, bis ein Therapeut gut ausgebildet ist und all diese Dinge kompetent durchführt, während er

gleichzeitig Spaß mit dem Lernenden hat. Eine Timing-Checkliste bietet eine gute Übersicht, die während des Trainings verwendet werden kann, um sicherzustellen, dass alle wesentlichen Komponenten vor, während und nach einem Timing eingehalten werden (▸ Tab. 3.2). Während es zusätzliche, wichtige Detailfähigkeiten gibt, sind dies die Grundvoraussetzungen, die eine effektive von einer ineffektiven Sitzung unterscheiden.

Tab. 3.2: Timing-Checkliste zum Verhalten des Trainers.

Vor dem Timing	
/	Der Trainer hat alle notwendigen Materialien.
/	Der Arbeitsplatz bleibt sauber – Materialien sind in nicht benutzten Boxen.
/	Der Trainer behält die Kontrolle über Verstärker und Materialien.
/	Der Trainer bindet den Schüler zwischen den einzelnen Programmen ein (Sprechen, Scherzen usw.).
/	Der Trainer gibt klare Hinweise, um den Lernenden zu fokussieren.
/	Der Trainer gibt klare Anweisungen für das Programm.
/	Der Trainer wählt einen angemessenen Lernschritt und ein angemessenes Niveau
/	Der Trainer wählt eine angemessene Dauer eines Programms.

Tab. 3.2: Timing-Checkliste zum Verhalten des Trainers. – Fortsetzung

Während des Timings	
/	Der Trainer führt das Timing durch.
/	Der Trainer lobt/ermutigt während des gesamten Timings.
/	Der Trainer startet den Timer, sobald das Kind die erste Antwort gibt.
/	Der Trainer verfolgt Alternativpaare.
Nach dem Timing	
/	Der Trainer gibt differenziertes Lob innerhalb von fünf Sekunden nach dem Ende des Timings.
/	Der Trainer setzt Verstärkung nach Kriterien ein.
/	Der Trainer nimmt bei Bedarf Fehlerkorrekturen zwischen den Zeitmessungen vor.
/	Fehlerkorrekturen sind kurz (weniger als 3 Minuten) mit ausreichender Verstärkung.
/	Der Trainer zeichnet nach dem Timing sofort Diagramme.
Leistungsrückmeldung	
Verbesserungsmöglichkeiten (zwei oder weniger)	Stärken (vier oder mehr)

Anweisungen für die Timing-Checkliste: Zum Überprüfen der korrekten Durchführung von PL beobachten Sie das Verhalten des Trainers über einen bestimmten Zeitraum (z. B. 10 Minuten). Notieren Sie die richtigen Verhaltensweisen vor dem (/) und fehlende oder falsche Verhaltensweisen nach dem (/). Diese individuellen PL-Kompetenzen eines Trainers oder aber auch einer Trainergruppe können über verschiedene Beobachtungstage hinweg aufgezeichnet werden, um die Verbesserung im Laufe des Trainings zu zeigen.

4 Grundlagen lehren

Wenn Lehrer und Eltern mit einem Schüler bzw. ihrem Kind arbeiten, haben sie normalerweise spezielle Lernziele. Hierzu gehört für junge Kinder das Schreiben ihres Namens, was für Kinder mit einem geringen Fähigkeitsniveau oft eine überwältigende und frustrierende Aufgabe ist. Wenn man allerdings kleinere Lerneinheiten, wie Einzelbuchstaben oder Strichrichtungen, übt, verbessert sich die Ausführung der Gesamtaufgabe im Allgemeinen sehr schnell. Wie bereits gesagt, übt man nicht für einen Marathon, indem man einen Marathon läuft, sondern man bricht das Endziel in kleine Einheiten auf, die man leichter erreichen kann.

Es gibt mehrere *Teilfähigkeiten*, die zu einem *Endziel*, auch »zusammengesetztem Ziel« (»composite behavior«) genannt, beitragen. So kann für Kinder mit geringeren Voraussetzungen das Schreiben des Namens in verschiedene Teilkomponenten unterteilt werden. Hierbei kann man eine Hierarchie der

Lernschritte erstellen (▸ Abb. 4.1). So braucht man zum Schreiben des Namens zwei Voraussetzungen: Man muss den Namen buchstabieren und die entsprechenden Buchstaben schreiben können. Diese Komponenten können weiter eingeteilt werden in verschiedene Striche, die die Buchstaben formen (Linien, Halbkreise, Kreise). Man muss auch in der Lage sein, Buchstaben zu erkennen.

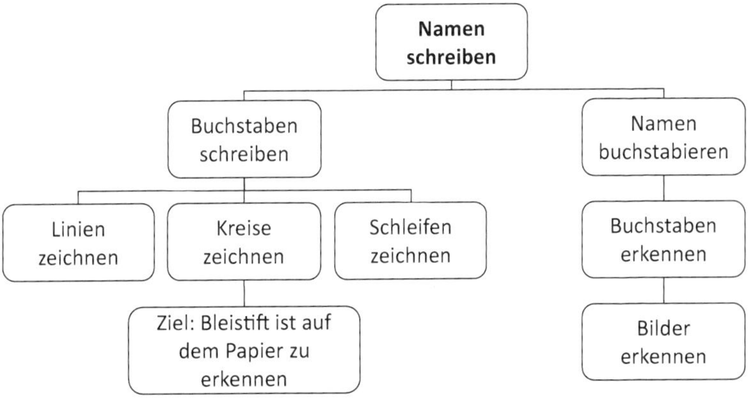

Abb. 4.1: Hierarchie der Lernschritte

Allerdings ist diese Abbildung noch nicht abschließend. Es gibt weitere notwendige Komponenten, wie z. B. einen Bleistift zu halten, für den wiederum mehre Fertigkeiten notwendig sind:

- Dünne Gegenstände halten
- Den Griff für einen längeren Zeitpunkt aufrechterhalten
- Daumen-Zeigefinger- oder Drei-Finger-Griff

In der Forschung zu den sog. »Big 6 Plus 6 Skills« (»Große 6 plus 6 Fähigkeiten«) gibt es gute Beispiele für die Beziehung zwischen den Teilfähigkeiten und dem Endziel. Hierbei zeigt die folgende Liste zwölf feinmotorische Fähigkeiten auf, die notwendig sind, um zahlreiche Alltagsbewegungen auszuführen. Siehe folgende Tabelle.

Tab. 4.1: »Big 6 Plus 6 Skills«

Große 6	Plus 6
Nach etwas greifen	Fassen/Ergreifen (und loslassen)
Berühren	Zeigen
Platzieren/zielen	Zwicken/kneifen
Drücken	Quetschen
Ziehen	Klopfen
Schütteln	Drehen

Diese Tabelle verdeutlicht, dass bestimmte Alltagsfähigkeiten kaum möglich sind, wenn die zugrunde liegenden Fähigkeiten nicht vorliegen. Es ist zum Beispiel schwer, eine Jacke anzuziehen, wenn man nicht nach ihr *greifen* kann, wenn man nicht sein *Handgelenk bewegen* kann, um sie vom Haken abzunehmen, wenn man sie anschließend nicht *zu sich ziehen* kann oder wenn man seine Arme nicht durch die Ärmel stecken kann etc. Auch für das erfolgreiche Zähneputzen sind mehrere aufeinanderfolgende Fähigkeiten notwendig: nach der Zahnbürste *greifen*, die Zahnpasta *nehmen*, den Verschluss *abdrehen*, die Bürste *greifen*, die Zahnpasta *drücken* und die Paste auf die Bürste der Zahnpasta *platzieren*, die Zahnbürste auf den Zähne *platzieren* und mit *kreisenden* Bewegungen bürsten. Es wird deutlich, dass das Anziehen einer Jacke oder das Zähneputzen eine Reihe von feinmotorischen Fähigkeiten voraussetzen, die zu dem Endziel kombiniert werden müssen.

Auch wenn die Forschung zu »Big 6 plus 6«-Übungen recht begrenzt ist (siehe Evans, 2018 für eine Gesamtliste der Literatur), gibt es viele Untersuchungen zum Verhältnis der Teilfähigkeiten zu ihrem Endziel. Generell ist die Strategie, Teilfähigkeiten durch direktes Training zu üben, ein wichtiger Teil von PL, mit dem direkt auf die »Effizienz« dieser Lernmethode abgezielt wird. Wenn Teilfähigkeiten flüssig sind, wird das Zielverhalten direkt verbessert. So sind beispielsweise für die Äußerung, »Sie springt auf dem Trampolin.«, mindestens zwei Teilfähigkeiten notwendig: das Beschreiben von Handlungen und der Gebrauch von Pronomen. Wenn das Kind diese Fähigkeiten nicht hat, ist es nicht in der Lage, den obigen Beispielsatz zu formulieren:

Im Folgenden sind einige Beispiele der Forschung über die Beziehung zwischen den Teilfähigkeiten und dem Endziel aufgeführt:

- Verbesserte Rechenfähigkeit durch flüssiges Schreiben von Zahlen (Johnson, 1980)
- Verbesserung des Sprachverständnisses durch flüssiges Sprechen von isolierten Lauten (Fabrizio, Pahl & Moors, 2002)
- Verbesserung der Lesefähigkeit durch Training der flüssigen Buchstabenerkennung (McDonagh, 2003)
- Verbesserung des Leseverständnisses durch Automatisierung der zugrundlegenden Sprachkomponenten (Newsome, Berens, Ghezzi, Aninao & Newsome, 2015)
- Verbesserung des Golfschwungs durch sequenzielle Übung der Bewegungskomponenten (McGreevy, 1984)

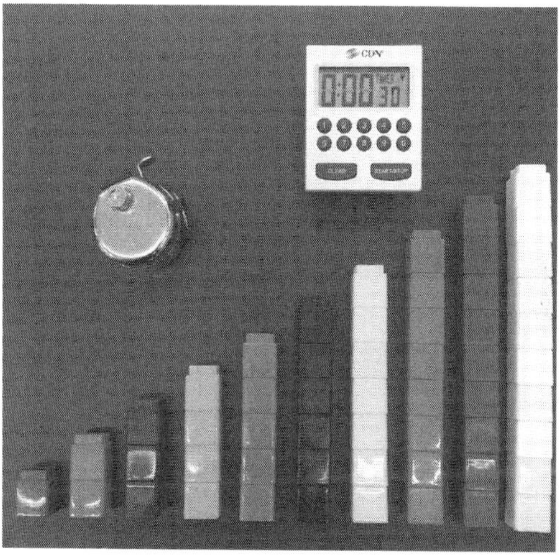

Abb. 4.2: Hier wird das Verhältnis zwischen einer bestimmten Menge und einer bestimmten Zahl dargestellt. Der Therapeut sagt eine Zahl zwischen 1 und 10 und das Kind zeigt dann zu dem Stäbchen mit der entsprechenden Zahl. Um das Niveau zu steigern, wird die Aufstellung verändert und das Kind soll dementsprechend reagieren: Hören/Antippen der Zahl des Stäbchens, Sehen/Sagen der Zahl des Stäbchens.

Die praktische Auswirkung einer Analyse von Komponenten/Endziel ist offensichtlich: Man muss zunächst die Komponenten beherrschen. Daher ist es für die Bewertung der Fähigkeiten eines Kindes am besten, zunächst die Komponenten der betreffenden Zielkompetenz zu bewerten. Wenn sich also ein Therapeut Gedanken über das Lesen macht, sollte er das Wissen über phonetische Regeln und isolierte Laute untersuchen. Wenn ein Therapeut jemandem das Anziehen beibringen möchte, sollte er zunächst die zugrundliegenden Fähigkeiten der Grob- und Feinmotorik bewerten, die mit der betreffenden Aufgabe verbunden sind.

Beim Verstärken von Komponenten ist es empfehlenswert, die zusammengesetzte Fähigkeit weiterhin zu beobachten. Oft verbessert sich das Endziel durch das Komponententraining, ohne dass ein direkter Eingriff bei der komplexeren Fähigkeit erforderlich ist. Präzisionslehrer bezeichnen dies als »Sachen umsonst bekommen«. Die zusammengesetzte Fähigkeit muss häufig nicht direkt angesprochen werden, da sie sich durch die Stärkung der Komponenten »umsonst« verbessert. Auf diese Weise wird der Erwerb von Fähigkeiten auf lange Sicht beschleunigt.

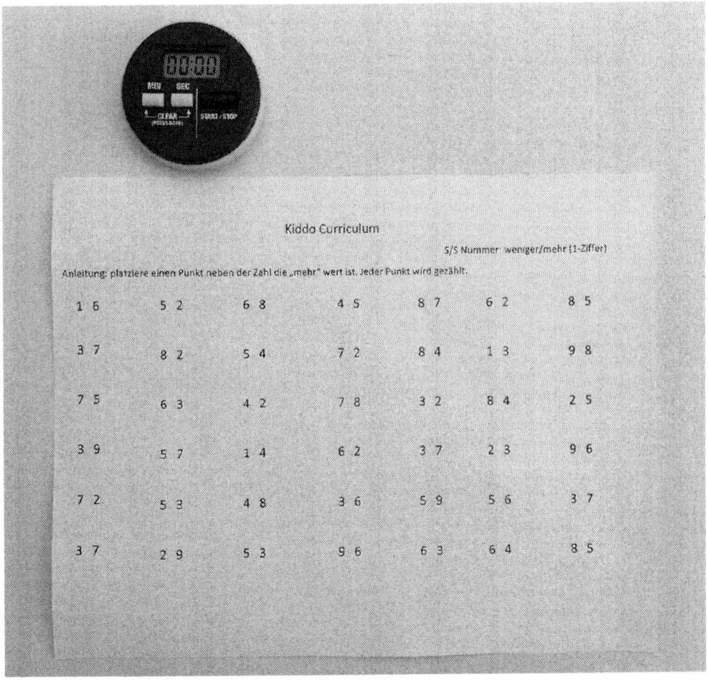

Abb. 4.3: Programm Beispiel 12: Dieses Programm stellt eine Teilfähigkeit zum Konzept »mehr – weniger« Das Kind markiert oder sagt die Zahl, die größer ist.

Zusammenfassung

- Komponenten (= components) sind basale Fähigkeiten.
- Das Endziel (= composites) ist eine größere, komplexere Fähigkeit, die aus Komponenten besteht.
- Wenn Sie Probleme mit einem zusammengesetzten Ziel haben, stellen Sie sicher, dass alle zugrundeliegenden Komponenten automatisiert sind.
- Wenn Sie eine defizitäre Komponente finden, arbeiten Sie daran. Prüfen Sie dann, ob sich dies positiv auf die betreffende zusammengesetzte Fähigkeit auswirkt.

5 Julie – Niedriges verbales Repertoire

In den nächsten drei Kapiteln werden drei verschiedene Betroffene mit ASD sowie verschiedene Programme/Fähigkeiten dargestellt, die Teil ihrer ABA-Therapie mit PL waren. Hierbei handelt es sich um Schüler, Programme und Daten von mir. Die Namen der Betroffenen wurden geändert, um ihre Privatsphäre zu schützen. Die Fälle wurden ausgesucht, da sie für bestimmte Gruppen von Kindern charakteristisch sind. Julie steht daher auch für viele andere »Julies«.

Julie ist ein 4-jähriges Mädchen, bei dem im Alter von 3 Jahren ASS diagnostiziert wurde. Sie hat ein Jahr lang eine ABA-Therapie mit PL erhalten. Zu Beginn der Therapie sprach Julie ungefähr 15 bis 20 Wörter, wobei sie im Laufe des Tages nur sehr wenig redete. Ihre Wünsche und Bedürfnisse kommunizierte sie meistens durch Aggression und Wutanfälle. Julie regierte im Wesentlichen das Haus – so aß und schlief sie wann und wie sie wollte. Sie war nicht Toiletten-trainiert und so aggressiv, dass ihre Eltern sie ungern mit Gleichaltrigen spielen ließen und sich nicht trauten, sie mit in die Stadt zu nehmen. Nachdem sie einige Zeit in unserem Programm war, verminderte sich ihre Aggression signifikant. Sie war offener für neue Nahrungsmittel, die ihre Familie ihr anbot, schlief sehr viel regelmäßiger und begannt sehr viel öfter ihre Wünsche und Bedürfnisse auszudrücken. Besonders erfreulich war, dass sie auch anfing, ihre Umwelt zu beschreiben. Als sie 6 Jahre alt war, konnte sie unser Intensiv-Programm beenden und in einen Regelkindergarten eingeschult werden.

Zu Beginn der Therapie wurden zunächst angemessene Verhaltensweisen systematisch verstärkt. Um hier Erfolg zu haben, wurde dies von den Therapeuten unterstützt. Darüber hinaus begann man damit Julie basale Fähigkeiten beizubringen. Durch eine interessante, interaktive Lernumgebung wurde versucht, sie zu einem zufriedeneren Kind zu machen.

Julie erhielt während des gesamten Therapieverlaufs (sechs Stunden tägliche Therapie an sechs Tagen in der Woche) ein umfangreiches gezieltes Lernprogramm. Im Folgenden wird allerdings nur eine kleine Auswahl ihres aktuellen Programms vorgestellt. Daneben arbeitete sie an ca. 30 Programmen, die folgende Fähigkeiten zum Ziel hatten: Spielfähigkeiten (z. B. sich abwechseln, Spiel initiieren), grobmotorische Fähigkeiten (z. B. Programme zur Verbesserung ihres Daumen-Zeigefinger-Griffs), soziale Fähigkeiten (z. B. eine Konversation beginnen, Gleichaltrige etwas fragen, themenbezogene Antworten geben) und Selbstständigkeit (z. B. Toilettenverhalten, sich anziehen, mit Besteck essen) etc. Unten wird für jedes der Beispiel-Programme eine Begründung gegeben, wobei eine operationale Definition, Lerndaten sowie ein Überblick über die Lernleistung beschrieben werden:

Übungen
- Kategorien benennen
- Anweisungen mit Präpositionen befolgen
- Vertikale Linien nachzeichnen
- Tiername und Tiergeräusch unterscheiden

Unangemessenes Verhalten
- Anweisungen nicht befolgen

Kontrolle des Lernfortschritts
- Name des Gegenstandes und der Kategorie unterscheiden
- Präpositionen benennen

5.1 Übungen

Programm 1: Kategorien benennen

Diese Fähigkeit ist nicht nur wichtig, um ein breiteres verbales Repertoire aufzubauen, sondern sie hilft auch, Sprache leichter zu verstehen. Durch Benennen von Kategorien lernen junge Kinder, wie die Welt um sie herum organisiert ist. Die Verwendung von »Sehen/Sagen« als Benennungsform ist hierbei unser »Endziel«. Voraussetzungen für diesen Lernkanal sind häufig andere Lernkanäle wie »Hören-Berühren-Benennen« oder Sortierfähigkeiten. Julie hatte bereits in früheren Lernprogrammen »Hören/Sagen«-Programme zum Benennen von Tiernamen gemacht, auch um ihr »Sehen/Sagen«-Repertoire aufzubauen.

Tab. 5.1: Kategorien benennen

Lernschritt: Sehen/Sagen Kategorien	
Flüssigkeitsziel	60 Kategorien/Minute, 100 % richtig
Zeitdauer	15 Sekunden
Niveau	2 Kategorien (Essen/Tiere), Karteikarten, gemischt
Anzahl der Durchgänge	2–4 Durchgänge

Anweisung

Sammeln Sie Bildkarten aus verschiedenen Kategorien und stellen Sie dabei sicher, dass sich mindestens 20 Karten pro Kategorie in einem Stapel befinden. Hierbei sollte jeder Stapel eine gleiche Anzahl von Karten haben. Beim Training blättert das Kind oder der Therapeut durch die Karten, wobei das Kind die Kategorie jeder Karte benennt.

- Richtig: Die passende Kategorie zu den jeweiligen Bildern benennen (z. B. für Banane »Essen«/»Nahrungsmittel« sagen; für Löwe »Tier« sagen).
- Fehler:
  a) Eine falsche Kategorie für das Bild angeben (z. B. »Essen« für Löwe).
  b) Den Namen des Bildes sagen (z. B. »Löwe« für Löwe sagen).
  c) Mit der Antwort länger als 3 Sekunden zögern.

Fehlerkorrektur

Der Therapeut kann innerhalb des Timings korrigieren oder bis nach dem Timing warten, um die Karte mit dem Fehler zu zeigen.

- Innerhalb des Zeitrahmens: Geben Sie während des Zeitrahmens einen Hinweis (z. B. »Nein«, »Versuch es nochmal«), damit sich das Kind selbst korrigieren und richtig reagieren kann.

- Nach dem Timing: Legen Sie die falsch benannte Karte zusammen mit der Anweisung erneut vor (»Was ist ein Löwe?« oder »Ein Löwe ist ein ...?«). Überprüfen Sie, ob das Kind sich selbst verbessert. Wenn nicht, geben Sie die Anweisung erneut und modellieren Sie die richtige Antwort.

Tipps

- Wenn das Kind die Karten nicht mit einer Geschwindigkeit von einer Karte pro Sekunde durchblättern kann, sollte der Therapeut die Karten zeigen, um schnellere Antworten zu bekommen.
- Haben Sie eine gleiche Anzahl von Karten pro Kategorie.
- Vergewissern Sie sich, dass genügend Karten vorhanden sind, damit der Stapel nicht innerhalb der festgelegten Zeitdauer wiederholt werden muss, falls das Kind schneller ist als das gesetzte Ziel (20 Karten in 15 Sekunden).
- Wenn das Kind das Kriterium erfüllt, kann der Therapeut eine neue Kategorie in das Deck aufnehmen und auf flüssige Antworten hinarbeiten. Dieser Vorgang wird so oft wiederholt, bis das Kind innerhalb eines Stapels zwischen sechs Kategorien unterscheidet.

Programm 2: Auf Anweisungen mit Präpositionen reagieren

Präpositionen tragen zur Komplexität unserer Sprache bei. Sie geben beispielsweise an, wie bestimmte Gegenstände verwendet werden sollen (z. B. »Rühre den Löffel in Deinem Kaffee um.«) und helfen beim Auffinden von Dingen (z. B. »Schaue in die mittlere

Schublade neben dem Ofen.«). Diese rezeptive Verwendung von Präpositionen ist eine Voraussetzung für die expressive Anwendung des Programms.

Tab. 5.2: Auf Anweisungen mit Präpositionen reagieren

Lernschritt: Hören/Tun Präpositionen platzieren	
Flüssigkeitsziel	60 Platzierungen/Minute, 100 % richtig
Zeitdauer	30–60 Sekunden
Niveau	ein/aus, vor/hinter
Anzahl der Durchgänge	2–4 Durchgänge

Anweisung

Der Therapeut sagt eine Präposition (z. B. ein, aus, vor, hinter), und das Kind bewegt ein Objekt in Bezug auf ein anderes Objekt. Diese Aufforderung wird während des gesamten Timings wiederholt für zwei bis vier Durchgänge.

- Richtig: Das Objekt wird in Bezug auf ein anderes Objekt richtig platziert. Wenn der Therapeut beispielsweise »auf ...« sagt, platziert das Kind das Objekt auf ein anderes angegebenes Objekt (siehe Bild unten rechts). Wenn der Therapeut »hinter« sagt, platziert das Kind das Objekt hinter ein anderes Objekt (▸ Abb. 5.1).
- Fehler:
  a) Das Objekt an einen Ort platzieren, der nicht der angegebenen Präposition entspricht.
  b) Wenn das Kind länger als 3 Sekunden braucht, um ein Objekt zu bewegen.
  c) Wiederholungen der Anweisung.

Abb. 5.1: Drazen (5 Jahre) übt mit seinem Hubschrauber Präpositionen aus seiner Perspektive in Bezug zu anderen Gegenständen (im Uhrzeigersinn v.o.r.: vor, auf, hinter, aus). Eine Überprüfung des Lernens ist möglich, indem der Therapeut den Gegenstand bewegt und das Kind auffordert, die richtige Präposition zu benennen.

Fehlerkorrektur

Sie können Fehler während des Timings korrigieren oder bis nach dem Timing warten, um die falsche Karte zu besprechen.

- Innerhalb des Timings: Geben Sie während der Übung einen Hinweis (z. B. »Nein«, »Nochmal versuchen«), damit sich das Kind selbst korrigieren oder richtig reagieren kann.

- Nach dem Timing: Präsentieren Sie die falsche Präposition zusammen mit der Anweisung erneut (»Zeig …«). Überprüfen Sie, ob das Kind sich selbst verbessert. Wenn nicht, geben Sie die Anweisung erneut und modellieren Sie sofort die richtige Antwort.
- Modellieren Sie die Position des Objekts in Bezug auf die angegebene Präposition.

Tipp
Je schneller der Therapeut die Präposition vorgibt, umso schneller kann das Kind die Position darstellen.

Programm 3: Linien nachfahren

Wie bereits erwähnt setzt das Schreibenlernen voraus, dass die zugrundeliegenden Komponenten der Buchstaben, wie Linien, Kreise, Schleifen und andere Muster, beherrscht werden. Nur so ist genaues und schnelles Schreiben möglich. Zum Beispiel ist es schwierig, einem Kind beizubringen, den Großbuchstaben »T« zu schreiben, wenn er noch mit kurzen und langen, horizontalen und vertikalen Linien kämpft. Daher ist das Zeichnen von Linien eine der ersten einfachen Grundübungen. Viele junge Kinder zeichnen sie vor dem Schrifterwerb auch spontan. Nachzeichnen von Linien kann als Voraussetzung für dieses selbständige Zeichnen angesehen werden. Hierdurch wird geübt, vertikale und horizontale Abstände einzuhalten und gerade Linien zu ziehen.

Tab. 5.3: Linien nachfahren

Lernschritt: Sehen/Nachfahren von vertikalen Linien	
Flüssigkeitsziel	60 Linien/Minuten, 100 % richtig
Zeitdauer	15 Sekunden
Niveau	kurze, vertikale Linien mit einem Marker
Anzahl der Durchgänge	2–4 Durchgänge

Anweisung

Mit einem dicken Markierstift malt das Kind wiederholt kurze vertikale Linien, die auf einer Vorlage entweder angedeutet oder gepunktet sind (▸ Abb. 5.2). Dies wird für zwei bis vier aufeinanderfolgende Timings wiederholt. Richtige und falsche Ausführungen können leicht durch eine visuelle Rubrik verdeutlicht werden (▸ Abb. 5.3).

Fehlerkorrektur

Bei Schreibprogrammen ist laufendes Coaching während der Übung hilfreich. Geben Sie während des Timings kontinuierliches Feedback zu jedem Strich und betonen Sie, was Ihnen gefällt. So kann das Kind leichter auf zukünftige Striche achten (z. B. »Denk dran, dass Du unten an der Linie stoppst«).

- Innerhalb des Timings: Lassen Sie das Kind seine Fehler nicht während des Timings korrigieren. Das kann flüssige Antworten sowie spätere Durchgänge negativ beeinflussen.
- Nach dem Timing: Verwenden Sie die visuelle Rubrik, um die Antworten zu bewerten. Wenn das Kind richtig von falsch unterscheiden kann, kann es anhand der Rubrik nach Korrekturen und Fehlern suchen. Sie können es auch auffordern »Superstriche« zu umkreisen, die es innerhalb des Timings geschafft hat.

Abb. 5.2: Hier wird gezeigt, wie das Kind gerade Linien von oben nach unten auf einem laminierten Arbeitsblatt zeichnet. Um anfänglichen Erfolg beim ersten Schreiben zu haben, ist ein Marker besser. Sobald hiermit das Ziel erreicht ist, kann das Kind mit einem Bleistift die Linien auf einem Blatt Papier zeichnen.

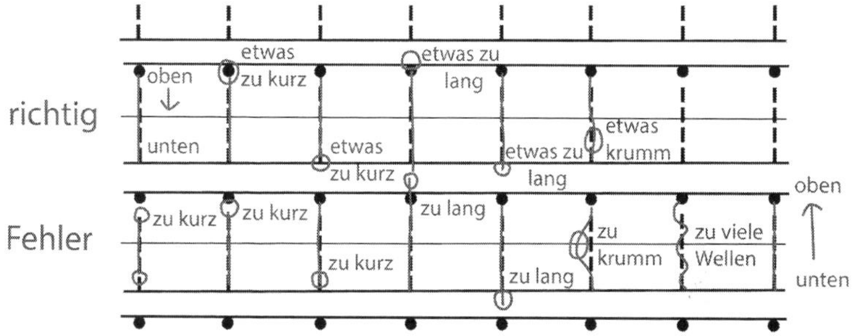

Abb. 5.3: Ein Arbeitsblatt mit erhöhten Linien begrenzt ungenaues und wenig sorgfältiges Schreiben. So kann der Therapeut leichter erkennen, was als richtig oder falsch beurteilt wird. Auch kann das Kind dann vor dem nächsten Durchgang und auch nach der Sitzung sein eigenes Ergebnis leichter beurteilen.

Tipp

Wie alle PL-Programme sind auch diese Teil einer Lehrplansequenz. Wenn das Kind Schwierigkeiten hat, kleine Linien nachzuzeichnen, versuchen Sie es mit größeren Linien. Wenn es Schwierigkeiten hat, Linien mit einem Bleistift nachzufahren, versuchen Sie es mit einem Marker oder einem Buntstift. Wenn es Nachzeichnen aversiv findet, versuchen Sie, einfache Linien und Kritzeleien annähernd nachzuahmen, damit das Kind anfängt, Selbstvertrauen und Erfahrung mit dem Schreiben aufzubauen.

5.2 Überprüfung des Fortschrittes

Bei allen Lernprogrammen wird überprüft, ob diese auf andere Materialien, andere Personen und in den Alltag übertragen werden können. Im Folgenden wird beispielhaft auf zwei der beschriebenen Programme hingewiesen.

Präpositionen benennen

Im folgenden Programm wird überprüft, ob das Kind den Ort von Dingen mit zugehörigen Präpositionen beschreiben kann.

Tab. 5.4: Präpositionen benennen

Lernschritt: Sehen/Sagen Präpositionen	
Flüssigkeitsziel	60 Präpositionen/Minute, 100 % richtig
Zeitdauer	15 Sekunden
Niveau	Objekte in Bezug zum Therapeuten
Anzahl der Durchgänge	2–4 Durchgänge

Anweisung

Der Therapeut bewegt einen Gegenstand zu verschiedenen Orten in Bezug zu seinem Körper (an, auf, neben, über, unter, in, raus)

- Richtig: Die richtige Präposition für die Position eines vom Therapeuten bewegten Objekts sagen (z. B. »unter« sagen, wenn ein Spielzeug unter das Hemd des Therapeuten gelegt wird; »auf« sagen, wenn ein Spielzeug auf die Hand des

Therapeuten gelegt wird; »über« sagen, wenn das Spielzeug über den Kopf des Therapeuten fliegt).

- Fehler:
  a) Wenn die falsche Präposition gesagt wird (z. B. »neben« sagen, wenn das Spielzeug auf der Hand des Therapeuten ist; »über« sagen, wenn das Spielzeug unter dem Bein des Therapeuten ist).
  b) Wiederholung der Anweisung.
  c) Wenn die Antwort länger als 3 Sekunden dauert.

Fehlerkorrektur

Wenn ein Programm zur Überwachung des Lernfortschritts dient, sollte keine Fehlerkorrektur durchgeführt werden.

Tipps

- Je nach Lieblingsobjekt des Kindes können unterschiedliche Niveaus getestet werden. Jüngere Kinder sind eher motiviert während sie spielen (z. B. mit einem Modellzug, dem Lieblingskuscheltier oder einem Spielzeugauto).
- Selbstverständlich können – statt Präpositionen am Therapeuten zu üben – auch Objekte zueinander in Relation gebracht werden.

Linien nachzeichnen

Das freie Zeichnen von Linien setzt voraus, dass vergleichbare Linien bereits nachgespurt werden können. Dieses Programm kann also zur Überprüfung des Nachzeichnens eingesetzt werden. Sobald die Geschwindigkeit oder Genauigkeit beim Nachzeichnen zunimmt, kann der Therapeut prüfen, ob das freie Zeichnen von Linien sich ebenfalls verbessert hat.

Tab. 5.5: Linien nachzeichnen

Lernschritt: Frei/Linien nachzeichnen	
Flüssigkeitsziel	100 Linien/Minute, 100 % richtig
Zeitdauer	15 Sekunden
Niveau	Mit einem Bleistift
Anzahl der Durchgänge	2–4 Durchgänge

Anweisung

Liniertes Papier und ein Bleistift. Das Kind muss während des gesamten Durchgangs Linien oder Striche ziehen. Korrekturen und Fehler werden am besten durch eine visuelle Rubrik verdeutlicht.

Fehlerkorrektur

Wenn ein Programm zur Überwachung des Lernfortschritts dient, sollte keine Fehlerkorrektur durchgeführt werden.

Tipps

- Stellen Sie sicher, dass das Kind den Stift richtig hält und das Papier richtig vor ihm positioniert ist, um den Erfolg zu begünstigen.
- Erinnern Sie das Kind daran, innerhalb der vorgegebenen Grenzen zu bleiben.

6 Thomas – Geringe Sprachfähigkeiten

Thomas ist ein 7-jähriger Junge, bei dem im Alter von 2 Jahren eine Autismus-Spektrum-Störung (ASS) diagnostiziert wurde. Im Laufe seines Lebens erhielt er von drei verschiedenen Zentren Therapie. Thomas kann spontan nur vier Wörter sagen: Kitzeln, Wasser, Essen und Elmo. Diese vier Wörter werden auch nur dann verwendet, wenn er eines der vier Objekte möchte. Jedoch ist seine Artikulation sehr schlecht. Wenn der Zuhörer nicht versteht, was Thomas sagt, stürzt er sich auf den Zuhörer und schlägt ihm ins Gesicht. Dieses aggressive Verhalten sowie Schlagen, Kratzen und Treten sind hoch frequente Verhaltensweisen.

Das Fehlen eines funktionierenden Kommunikationssystems (d. h. eines Kommunikationsgeräts, eines Bildkartensystems, einer Zeichensprache oder sprachlicher Äußerungen) schien der Grund dafür, dass unangemessenen Verhaltensweisen zugenommen haben. Daher wird Thomas oft von Gleichaltrigen getrennt und verbringt einen Großteil seiner Zeit mit seiner Lieblingsfernsehsendung. Um aggressive Situationen zu vermeiden, haben seine Betreuungspersonen es auch nicht gewagt, seine (beschränkten) Essensvorlieben auszuweiten, ihm Selbstversorgungsaktivitäten beizubringen (z. B. Händewaschen, Toilettengang, Duschen, Zähneputzen) und ihn auf Ausflüge in die Gemeinde mitzunehmen (z. B. den Park, das Lebensmittelgeschäft, die Bibliothek).

Der Ansatz, den PL bei diesem Klienten verfolgen würde, unterscheidet sich funktional nicht von anderen ABA-Praktiken. Die übergeordneten Ziele bleiben vergleichbar: systematisches Training einer Kommunikationsmethode, Reduktion von aggressiven Verhaltensweisen, Erweitern seiner Fähigkeiten, Dinge seiner Umgebung zu verstehen und sie zu benennen und verstärkte soziale Interaktion. Der wesentliche Unterschied in PL-Programmen ist 1) die Auswahl der Grundfertigkeiten, 2) das Messsystem und 3) die Kontrolle des Lernfortschritts.

Der Einfachheit halber beschränken wir uns im Folgenden auf fünf Verhaltensziele und den Abbau von zwei Verhaltensexzessen.

Lernziele

- Nicht-verbales Benennen von zwei-dimensionalen Objekten
- Imitation von Worten
- Zähne putzen
- Nach draußen gehen
- »Nein danke« sagen

Exzessives Verhalten

- Schlagen
- Hin-und-her-schaukeln

Überprüfen des Fortschrittes (Endziele)
- Wunschausdruck
- Zähneputzen (gesamter Ablauf)
- Gruppenausflüge

6.1 Akquisitionstraining

Programm 1: Erkennen von Bildbezeichnungen

Da wir die Geschichte und das Niveau von Thomas kennen, wissen wir, dass nicht-sprachliche Ziele für ihn leichter sind und zu weniger aggressiven Verhaltensweisen führen als sprachliche Ziele. Um sein Vokabular für Alltagsgegenstände (wie Lebensmittel und Spielzeug) zu fördern, werden daher zunächst Verständnisaufgaben (Hören/Zeigen) geübt. Erst danach wird zum aktiven Benennen (Sehen/Sagen) übergegangen. Angesichts der aktuellen Fähigkeiten von Thomas führt eine Auswahl von jeweils zwei Karten zu mehr Erfolg und weniger Aggression.

Tab. 6.1: Erkennen von Bilderbezeichnungen

Lernschritt: Sehen+Hören/Zur Karte zeigen	
Flüssigkeitsziel	40-mal Zeigen/Minute, 100 % richtig
Zeitdauer	15 Sekunden
Niveau	2 Kategorien (Nahrungsmittel und Spielzeug), 20 Karten gemischt als Zweierwahl darbieten
Anzahl der Durchgänge	2–4 Durchgänge

Anweisung

Der Therapeut legt zwei Karten gleichzeitig vor Thomas (z. B. auf einen Tisch), während er die Anweisung »Zeig die Pizza« gibt. Thomas soll die Karte mit dem Bild der Pizza zeigen. Der Therapeut ersetzt die Pizzakarte durch eine andere Karte. Er weist ihn an, »Zeig ...«, bis die Zeit abgelaufen ist. Dieser Austausch wird für zwei bis vier Zeitmessungen wiederholt.

- Richtig: Berühren der benannten Karte innerhalb von 3 Sekunden (z. B. Berühren der Pizza-Karte, wenn Pizza und Taco vorgelegt werden).
- Fehler:
  a) Berühren einer Karte, die nicht der Anweisung entspricht (z. B. Berühren von Pizza statt Taco).
  b) Länger als 3 Sekunden warten, bevor die Karte berührt wird.

Fehlerkorrektur

Sie können innerhalb des Timings Thomas korrigieren oder bis nach dem Timing warten, um die fehlerhafte Karte zu besprechen.

- Innerhalb des Timings: Geben Sie während des Timings einen Korrekturhinweis (z. B. »Nein«, »Versuch es nochmal«), damit sich der Lernende selbst korrigieren kann.
- Nach dem Timing: Legen Sie die fehlerhafte Karte mit der Anweisung erneut vor (»Zeig... «). Überprüfen Sie, ob sich das Kind selbstständig korrigiert. Wenn nicht, geben Sie die Anweisung erneut und modellieren Sie sofort die richtige Antwort.

Abb. 6.1: Hören/Antippen (Berühr oder Gib) Bild – Das Kind hört die Bezeichnung des Bildes (z. B. Eichhörnchen) und händigt dem Therapeuten das richtige Bild.

Tipps

Je schneller der Therapeut die Karten vorlegt, desto schneller kann das Kind reagieren. Wenn der Lernende darauf wartet, dass der Therapeut die Karten vorlegt, geht der Therapeut nicht schnell genug vor.

Dieses Programms kann durch Variation sehr viel komplexer gemacht werden:

- Verwenden Sie weniger geläufige Bilder – schwieriger
- Präsentieren Sie mehr als zwei Karten gleichzeitig – schwieriger

- Mischen Sie die Karten nicht – einfacher
- Verringern Sie die Anzahl der Karten im Stapel – einfacher
- Erhöhen Sie die Anzahl der Karten im Stapel – schwieriger

Programm 2: Einzelne Worte nachsprechen

Zu Beginn der PL-Therapie sprach Thomas im Alltag nur vier Worte spontan: Kitzeln, Wasser, Essen, Elmo. Wenn jemand ihn jedoch aufforderte, ein Wort zu wiederholen, tat er dies immer, wobei er aufgrund seiner Artikulationsprobleme zum Teil nur eine Annäherung an die Vorgabe äußerte. Das machte deutlich, dass er die Fähigkeit hatte, sprachlich zu imitieren. Um Thomas dabei zu unterstützen, vermehrt im Alltag zu sprechen, wählte der Therapeut die von Thomas bevorzugten Objekte und Aktivitäten aus. Diese wurden dann in ein PL-Training eingebaut. Ziel des Imitations-Programms ist es, nicht nur die spontane Verwendung dieser Wörter außerhalb der Therapiesitzung zu fördern, sondern Thomas auch daran zu gewöhnen, häufiger zu sprechen und seine Stimmbänder und Zunge zu trainieren. Durch Feedback/Modellvorgaben wird darüber hinaus die Artikulation von bekannten und neuen Worten geübt.

Tab. 6.2: Wiederholung einzelner Worte

Lernschritt: Hören/Sagen Wort	
Flüssigkeitsziel	60 Wörter/Minute wiederholen, 100 % richtig
Zeitdauer	15 Sekunden
Niveau	Wörter bekannter Verstärker
Anzahl der Durchgänge	2–4 Durchgänge

Anweisung

Der Therapeut gibt ein Wort vor, dass das Kind laut wiederholen soll. Während des gesamten Timings werden verschiedene Worte in dieser Weise geübt. Dieser Lerndurchgang wird für zwei bis vier Zeitmessungen wiederholt.

- Richtig: Aussprechen des Wortes innerhalb von 3 Sekunden auf identische Weise (vorher festlegen, ob Annäherungen an die richtige Aussprache akzeptabel sind).
- Fehler:
  a) Das Wort in einer Annäherung so auszusprechen, dass die Anforderungen für eine korrekte Antwort nicht erfüllt ist (z. B. schlechte Artikulation).
  b) Ein völlig anderes Wort sagen als das, welches gehört wurde.
  c) Länger als 3 Sekunden mit dem Imitieren des Wortes warten.

Fehlerkorrektur

Sie können innerhalb des Timings korrigieren oder bis nach dem Timing warten, um die fehlerhafte Karte zu besprechen.

- Innerhalb des Timings: Geben Sie während des Timings einen Hinweis (z. B. »Nein«, »Bitte versuch es nochmal«), damit sich das Kind selbst korrigieren kann.
- Nach dem Timing: Wiederholen Sie das falsche Wort und überprüfen Sie, ob sich das Kind selbst verbessert. Wenn nicht, geben Sie das Wort in Teilen vor (z. B. bl-au) sodass das Kind zunächst nur Teile des Wortes wiederholt und erst danach das ganze Wort.

Tipp
Um die Wörter schnell vorgeben zu können, ist es sinnvoll, vor der Übung eine Liste der Worte zusammenzustellen. Um ein

Auswendiglernen zu verhindern, geben Sie die Worte in wechselnder Reihenfolge vor.

Programm 3: Wunschausdruck

Durch ein Programm zum Wunschausdruck soll Thomas lernen, seine Sprache zu benutzen, anstatt Wünsche durch Schreien mitzuteilen. Der Wunschausdruck von Thomas wird im folgenden Programm gestärkt und während der gesamten Sitzung verfolgt. Es gibt zwei Grafiken hierzu: Wunschäußerungen werden einerseits in der strukturierten Lernsituation erfasst, andererseits wird sein spontanes Wünschen in der gesamten Übungssituation aufgezeichnet.

Tab. 6.3: Wunschausdruck

Lernschritt: Frei/Sagen Wunschausdruck	
Flüssigkeitsziel	10 Wunschausdrücke/Minute
Zeitdauer	1 Minute
Niveau	bei Verwendung bekannter Verstärker nach 5 Sekunden Möglichkeit zum Wunschausdruck geben
Anzahl der Durchgänge	2–4 Durchgänge

Anweisung
Der Therapeut benutzt für dieses Programm einen bekannten Verstärker, was für Thomas Kitzeln ist. Zu Beginn des Timings kitzelt der Therapeut Thomas für etwa 5 Sekunden. Wenn Thomas' Verstärker bspw. ein Spielzeug wäre, könnte der

Therapeut es ihm kurz wegnehmen und dann sofort als Bild vorlegen. Das Kind kann dann um das Spielzeug bzw. Ereignis verbal bitten. In Anbetracht der Lern- und Artikulationsprobleme kann eine Annäherung des Wortes akzeptiert werden. Der Austausch des Verstärkers und des entsprechenden Bildes wird während des gesamten Timings wiederholt.

- Richtig: Eine Bitte (oder eine Annäherung) um den beliebten Gegenstand/die Aktivität (z. B. »kitzeln«, »Auto«).
- Fehler:
  a) Wunschäußerung, die sich nicht auf den Gegenstand/das Ereignis bezieht (z. B. »Auto« für Kitzeln).
  b) Länger als 3 Sekunden warten, um den Wunsch zu äußern.

Fehlerkorrektur

Es ist am besten, Fehler sofort innerhalb des Timings zu korrigieren. Wenn das Kind einen Fehler macht, sollte es mit dem Hinweis verbessert werden: »Sag kitzeln«. Bei einem starken Imitations-Repertoire sollte dies zu einer richtigen Reaktion führen.

Tipps

- Wenn für jede Wunschäußerung eine Hilfestellung benötigt wird, sollte diese zu Beginn des Programms wiederholt gegeben werden. Man kann zwischendurch testen, ob das Kind bereits ohne Hilfestellung einen Wunsch äußert. Sobald sich das Kind verbessert, wird die Hilfestellung ausgeblendet.
- Wenn das Kind einzelne Wörter mit verschiedenen Verstärkern fließend beherrscht, kann die Anforderung auf Wunschäußerungen mit 2-Wort-Sätzen erweitert werden.

Programm 4: Nach draußen gehen

Thomas ist sehr in Routinen verhaftet. So geht er nur dann durch die Haustür, wenn er ins Auto steigt, um irgendwohin zu fahren Seine Mutter möchte jedoch auch Zeit mit ihrem Sohn im Vorgarten verbringen, wozu es erforderlich ist, aus der Haustür zu gehen. Daher liegt der Schwerpunkt dieses Programms darauf, Thomas dazu zu bringen, für immer längere Zeiträume ruhig im Vorgarten zu bleiben.

Tab. 6.4: Nach draußen gehen

Lernschritt: Frei/Tun Im Vorgarten sitzen oder stehen	
Flüssigkeitsziel	1 volle Stunde ohne herausfordernde Verhaltensweisen
Zeitdauer	komplette Zeit
Niveau	im Vorgarten – keine anderen Erwartungen
Anzahl der Durchgänge	mehrere Durchführungen, wenn es weniger als 20 Minuten dauert

Anweisung

Der Therapeut stellt seine Erwartungen an Thomas klar dar: »Wir werden in den Vorgarten gehen, aber *nicht* ins Auto steigen. Du musst ruhig bleiben, und dann können wir gleich wieder reingehen.«

- Richtig: Jederzeit, wenn Thomas draußen im Vorgarten ist und nicht schreit, weint und/oder eine andere Person schlägt. Er muss nichts anderes tun, als im Vorgarten zu sitzen oder zu stehen.

- Fehler: Im Vorgarten sitzen/stehen, während er schreit, weint und/oder eine andere Person schlägt. In dem Moment, in dem eines dieser herausfordernden Verhaltensweisen auftritt, wird die Messung der Zeitdauer beendet.

Fehlerkorrektur

Wenn Thomas anfängt zu schreien, sagen Sie einfach: »Hey Junge, wenn Du ruhig bist, können wir wieder hineingehen.«

Tipps

- Um den ersten Erfolg zu erzielen, beginnen Sie mit einer sehr kurzen Zeitdauer, in der Thomas ruhig draußen sein muss, z.B. 1 Sekunde. Er kann rausgehen, Lob für sein ruhiges Verhalten bekommen und dann wieder zurück ins Haus gehen. Erhöhen Sie nach aufeinanderfolgenden Erfolgen langsam die Dauer der Zeit draußen.
- Um einen Anreiz für das Draußensein zu geben, kann eine Verstärkung nach außen gebracht werden. Thomas kann den Verstärker benutzen, während er draußen ruhig bleibt (z.B. mit dem Spielzeug spielen, auf das Tablett schauen, den Snack essen). Reduzieren Sie langsam das Spiel mit dem Verstärker und geben Sie diesen erst, nachdem er eine längere festgelegte »Ziel-Zeit« ohne Verhaltensprobleme erreicht hat.

Programm 5: »Nein«/»Nein danke« sagen

Wie bereits erwähnt, verfügt Thomas über ein begrenztes spontanes Vokabular. Er kann zwar »Nein danke« imitieren, aber er sagt es nicht, wenn er etwas nicht will. Stattdessen greift er zurück auf Schrei-Äußerungen. Das »Nein danke«-Programm soll ihm dabei helfen, seine Wünsche und Bedürfnisse in seinen eigenen Worten ausdrücken zu können, statt sich durch Schreien mitzuteilen.

Tab. 6.5: »Nein danke« sagen

Lernschritt: Hören/Sagen »Nein Danke«	
Flüssigkeitsziel	2x schneller werden; 100 % Beispiele
Zeitdauer	Therapiezeit
Niveau	Gelegenheit zum Schreien
Anzahl der Durchgänge	1 für die komplette Sitzung

Anweisung

Während der Therapiesitzung identifiziert der Therapeut Situationen, in denen das Kind Abwehr oder Probleme zeigt. Wenn Thomas etwas bekommt oder tun soll, dann jedoch den Gegenstand wegschiebt, den Kopf schüttelt, schreit, oder aggressives Verhalten zeigt, fordert der Therapeut ihn auf, »Nein«/ oder »Nein danke« zu sagen. Wenn er auf den Hinweis »Du bekommst, was Du willst, wenn Du ›Nein‹/›Nein danke‹ sagst« angemessen reagiert, wird der unerwünschte Gegenstand weggestellt bzw. die unerwünschte Tätigkeit ausgelassen.

- Richtig: Wenn er sofort nach der vorgegebenen Antwort des Therapeuten »Nein danke« sagt. Hierbei kann er ruhig oder emotional »Nein« sagen – beides wird an dieser Stelle als richtige Antwort gewertet.
- Fehler:

a) Fortsetzung des unangemessenen Verhaltens oder keine Wiederholung der Vorgabe des Therapeuten.
b) Wenn er länger als 3 Sekunden wartet, bis er »Nein« sagt.

Fehlerkorrektur
Wenn Thomas nicht richtig reagiert, wiederhole die Anweisung »Sag ›Nein, danke‹« erneut und halte den Verstärker so lange zurück bis er es sagt.

Tipp
Das Kind muss eventuell erinnert werden, dass, wenn es »Nein danke« sagt, der unbeliebte Gegenstand oder die unbeliebte Aufforderung entfernt wird: »Hey, wenn Du ›Nein danke‹ sagst, müssen wir es nicht tun. Sag einfach ›Nein danke‹, dann ist es gut!«

Programm 6: Zähneputzen

Die Mutter von Thomas berichtete, dass er das Waschbecken im Bad völlig verschmutzt hinterlassen würde, wenn er sich die Zähne geputzt hat. Er würde sich bereits schlagen und schreien, wenn seine Mutter seine Zahnbürste für ihn vorbereiten würde. Hier musste Thomas lernen, altersangemessen Zahnpasta sauber auf die Zahnbürste aufzutragen und seine Zähne angemessen zu putzen. Nach einer Aufgabenanalyse zum Zähneputzen war dieser Schritt für ihn der schwierigste. Die genannte Fähigkeit wurde mit in das Programm aufgenommen, um Genauigkeit und Flüssigkeit festzustellen.

Tab. 6.6: Zähneputzen

Lernschritte: Frei/Tun Zahnbürste nehmen, Zahnpasta darauf tun und Zahnbürste wieder hinlegen.	
Flüssigkeitsziel	30-mal (hoch, drauf tun, runter)/Minute oder 90 pro Bewegung/Minute; 100 %
Zeitdauer	15 Sekunden
Niveau	mehrere Zahnbürsten nehmen
Anzahl der Durchgänge	2–4 Durchgänge

Anweisung
Das Kind steht im Badezimmer am Waschbecken und ist kurz davor die Zähne zu putzen. Während es die Zahnbürste in der nicht dominanten Hand hält, nimmt es die Tube mit der Zahnpasta (die bereits offen ist) in die andere Hand. Es drückt leicht auf die Zahnpasta (ohne dass diese kleckert) sodass sie auf die Bürste kommt. Die Bewegung wird (mit mehreren Zahnbürsten/Zahnpasta) für die Dauer des Timings wiederholt.

Randnotiz: Bei der Aufgabenanalyse des Zähneputzens hatte Thomas Schwierigkeiten, die Zahnpasta sauber auf die Zahnbürste zu platzieren. Deshalb wird die Fähigkeit wiederholt geübt, bis sie automatisiert ist.

- Richtig: 1 cm (ungefähr) Menge Zahnpasta auf die Zahnbürste auftragen.
- Fehler:
  a) Wenn Zahnpasta von der Zahnbürste fällt.
  b) Wenn zu viel oder zu wenig Zahnpasta auf die Zahnpasta aufgetragen wird.

Abb. 6.2: Programm Beispiel 17: Zur Steigerung der Übungsmöglichkeiten werden mehrere Zahnbürsten bereitgestellt, um Zahnpasta darauf zu tun.

Fehlerkorrektur

Warten Sie am besten bis nach dem Timing, um das gewünschte Verhalten langsam zu demonstrieren. Wenn das Kind einen Fehler mehrmals hintereinander macht, bitte das Folgende versuchen:

- Innerhalb des Zeitrahmens: Geben Sie während der Zeitmessung einen Hinweis (z. B. »Nein«, »Versuch es nochmal«), damit das Kind sich korrigiert.
- Innerhalb des Zeitrahmens: Gegebenenfalls müssen Sie vorsichtig die Hand des Kindes führen, um diese zu stabilisieren und eine richtige Platzierung zu ermöglichen. Die Hilfestellung sollte, sobald das Kind erfolgreich ist, ausgeblendet werden.

Tipp
Das Kind muss eventuell an den Voraussetzungen arbeiten, wie z. B. die Zahnpasta aus der Tube zu »drücken«. Stellen Sie sicher, dass Sie an den Teilfähigkeiten arbeiten.

6.2 Herausforderndes Verhalten

Programm 1: Schlagen

Das Profil von Thomas deutet darauf hin, dass er manchmal schlägt, wenn er etwas nicht machen möchte. Leider wurde dieses Verhalten in der Vergangenheit durch Ignorieren, Schimpfen und Reaktionen auf das Schlagen (Zurückzucken) verstärkt. Um die Häufigkeit des Schlagens zu verringern, wurde ein Verhaltensplan eingeführt. Dieser Plan enthielt proaktive Elemente, wie eine Erweiterung seines Wortschatzes und die Verwendung von alternativer verbaler Kommunikation. So sollte er »Pause« sagen, wenn ihm eine Anforderung zu viel wurde. Eine weitere Konsequenz war es, dem Schlagen keine weitere Aufmerksamkeit zu geben.

Tab. 6.6: Schlagen

Lernschritt: Frei/Tun Person schlagen	
Flüssigkeitsziel	0–1 Schläge/Stunde
Zeitdauer	Therapiezeit
Niveau	verursacht Schmerzen
Anzahl der Durchgänge	1 für die komplette Sitzung

Anweisung

Schlagen wird zunächst operational definiert. Dann zeichnet der Therapeut die Häufigkeit des Verhaltens während der gesamten Sitzung auf: eine offene oder geschlossene Faust, die mit einer gezielten Kraft den Körper einer anderen Person berührt und die Schmerz auslöst. Berührungen des Körpers für Aufmerksamkeit, High-Fives, Faustschläge oder Hände schütteln werden hierbei nicht registriert.

- Richtig: Hand-/Faustkontakt, der keine Schmerzen verursacht (Schlagen für Aufmerksamkeit, Hände schütteln), oder Kontakt im Spiel (z. B. High-Fives, Faustschläge). Der Therapeut konzentriert sich hauptsächlich auf das Problemverhalten/Fehler.
- Fehler: Jeder Schlag (offene/geschlossene Faust), wobei eine andere Person verletzt wird.

Fehlerkorrektur

Der Therapeut folgt dem Verhaltensprotokoll. Da die Funktion des Verhaltens eine sozial-positive Verstärkung ist, ignoriert er alle Schläge.

Tipp
Es ist praktisch, hochfrequente Verhaltensweisen, die während der gesamten Sitzung auftreten mithilfe eines Handzählers oder eines Fingerzählers zu verfolgen. Das Gerät wird in der Hand gehalten und bei jedem Verhaltensproblem wird geklickt. Am Ende der Sitzung können Sie die Gesamtsumme vom Zähler ablesen, die während der Sitzung aufgetreten ist.

Abbildung 6.3 zeigt das Schlagen von Thomas. Drei Wochen nach Beginn der Aufzeichnungen waren Sommerferien (▸ Abb. 6.3). Dieses führte zu einer kurzen Steigerung seiner Schläge (1 Schlag

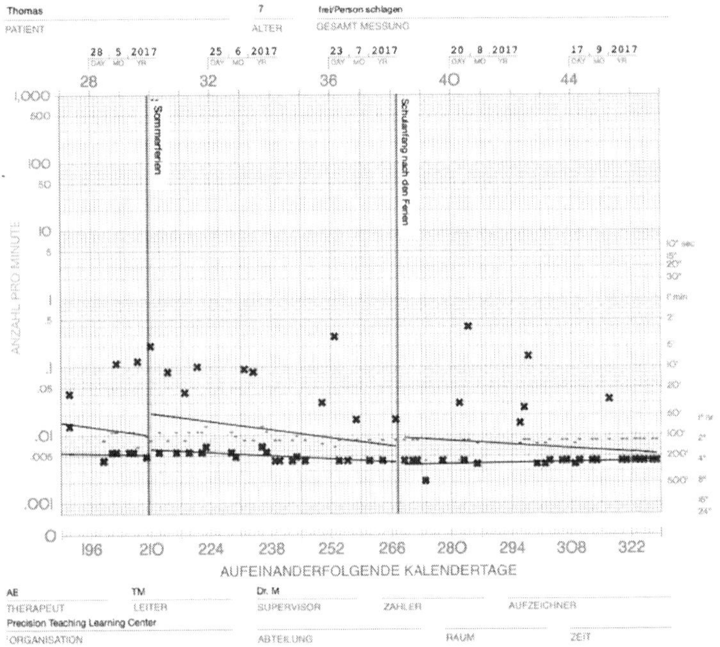

Abb. 6.3: Thomas' Schläge pro Sitzung = (»x«)[2]

innerhalb von 5 Minuten), obwohl er auch einige Tage ohne Schlagen hatte (x unter dem Häufigkeitsniveau). Die Kurve zeigt über 8 Wochen einen Rückgang des Problems und es wird deutlich, dass das Schlagen weniger häufig auftritt. Allerdings gab es einen Tag nachdem die Schule angefangen hat, als die Häufigkeit der Schläge eskalierte. Hier trat aufgrund eines Missverständnisses des Verhaltensplans durch seinen Logopäden hochfrequentes Schlagen auf. Glücklicherweise setzte sich der

2 Zur Erklärung der logarithmischen Aufzeichnung s. Anhang.

abnehmende Trend des Schlagens jedoch nach dem Schulanfang im August fort.

Programm 2: Hin und her schaukeln

Thomas hat verschiedene stereotype Bewegungen, wie z. B. Hin und her schaukeln mit dem Oberkörper. Dieses Verhalten tritt besonders vor aggressiven Ausbrüchen auf, aber auch wenn ein bevorzugter Verstärker angeboten wird. Während es für viele andere Verhaltensweisen des Jungen bereits einen individuellen Verhaltensplan gibt, gibt es für das Schaukeln keinen direkten Plan. Dieses Verhalten wird zunächst als vorübergehendes Ersatzverhalten für Aggression (z. B. Schläge) akzeptiert. Es wird jedoch erwartet, dass sich die Stereotypie mit dem zunehmenden Sprachgebrauch des Jungen und seiner Wertschätzung für soziale Verstärker verringert.

Tab. 6.7: Hin und her schaukeln

Lernschritt: Frei/Tun Schaukelbewegungen mit dem Oberkörper	
Flüssigkeitsziel	0–1 Episoden pro Std
Zeitdauer	Therapiezeit
Niveau	komplette Episode, 4 Sekunden Pausen zwischen den Episoden
Anzahl der Durchgänge	1 für die komplette Sitzung

Anweisung

Nach Kriterien der operationalen Definition notiert der Therapeut jede Schaukelbewegung während der gesamten PL-Sitzung: Eine wiederholende Hin-und-her-Bewegung des Oberkörpers im Sitzen (auf dem Boden oder auf einem Objekt) oder im Stehen, die mindestens 5-Grad-Differenz zum Ausgangswert. Jede Pause in diesem Verhalten, die länger als 3 Sekunden dauert, wird als neue Episode bewertet.

- Richtig: Jede Hin-und-her-Bewegung, die sich nicht wiederholt, oder jede wiederholte Hin-und-her-Bewegung, die weniger als 5 Grad vom Ausgangswert (keine Bewegung) abweicht.
- Fehler:
  a) Eine sich wiederholende Hin-und-her-Bewegung des Oberkörpers im Sitzen oder auf einem Objekt, die zu einem Unterschied zur Grundlinie von mindestens 5 Grad führt.
  b) Eine Wiederholung der Hin-und-her-Bewegung des Oberkörpers beim Aufstehen, die zu einem Unterschied zur Grundlinie von mindestens 5 Grad führt.

Fehlerkorrektur

Alle Hin-und-her-Bewegungen werden ignoriert.

Tipp

Wenn das Verhalten abnimmt, kann der Therapeut möglicherweise das Messniveau verschieben und jede Bewegung verfolgen.

6.3 Überprüfung des Fortschrittes

Gegenstände benennen

Im Folgenden wird der Erfolg beim Lernen von Alltagsgegenständen überprüft. Viele Kinder, die Dinge rezeptiv lernen (also z. B. auf Anweisung einen Gegenstand zeigen) und die schon etwas sprechen können, können aktive Sprache allein schon vom Training der rezeptiven Sprache generalisieren. Daher misst dieses Programm, ob ein aktives Sprachtraining erforderlich ist oder ob das Kind diese Fähigkeit »nebenbei« ohne ein gezieltes Training erwirbt. Bei häufig auftretenden Verhaltensweisen werden Beobachtungen täglich dokumentiert und seltener (z. B. wöchentlich oder zweiwöchentlich), wenn es sich um eine komplexere Fähigkeit handelt.

Tab. 6.9: Bild verbal benennen

Lernschritt: Sehen/Sagen Bild	
Flüssigkeitsziel	60 Bilder/Minute; 100 % richtig
Zeitdauer	15 Sekunden
Niveau	1 Kategorie (Essen), Stapel von 20 Karten, gemischt
Anzahl der Durchgänge	2–4 Durchgänge

Anweisung
In diesem Programm muss Thomas einen Stapel mit 20 Lebensmittelkarten durchblättern und benennen. Sein Team hat Karten von Lebensmittel ausgewählt, die seine Familie gern isst. Der

Therapeut stellt den Timer auf 15 Sekunden ein. Wenn Thomas bereit ist, legt der Therapeut die erste Karte vor und startet den Timer. Thomas benennt die Karten, wobei sein Therapeut die Folgekarten schnell bereitlegt. Wenn der Timer nach 15 Sekunden piept, hört Thomas auf und der Therapeut trägt die Anzahl der Antworten in die Grafik ein. Da es in diesem Fall um ein Testdatum geht, wird nur zu einem Zeitpunkt gemessen.

- Richtig: Jede Karte wird innerhalb von 3 Sekunden lautstark benannt.
- Fehler:
  a) Eine Karte, die falsch genannt wird (z. B. Pizza für Taco).
  b) Keine Antwort innerhalb von 3 Sekunden.

Fehlerkorrektur

Bei der Überprüfung des Fortschritts keine Fehlerkorrektur durchführen.

Tipps

- Wenn ein Kind feinmotorische Schwierigkeiten hat und die Karten nicht leicht durchblättern kann, sollte der Therapeut sie für es umdrehen.
- Wenn der Therapeut die Karten durchblättert, muss sichergestellt sein, dass er das Kind in keiner Weise verlangsamt. Er muss die Karten schnell durchblättern, damit die nächste Karte bereit ist, sobald das Kind die vorherige Karte benannt hat. Wenn das Kind auf den Therapeuten wartet, ist der Therapeut zu langsam.

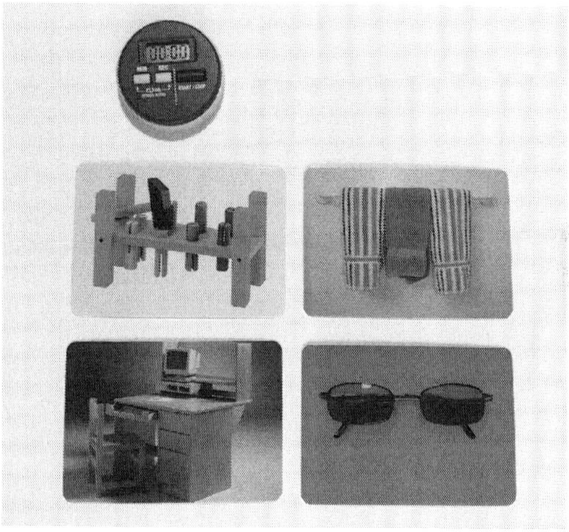

Abb. 6.4: Bildkarten sollen hier verbal benannt werden (Sehen/Sagen Bildkarte). Eine 2x2 Auswahl würde nur für eine sehr anfängliche Lernstufe angeboten werden. Bei einer Leistungsüberprüfung sollten mehrere Bildkarten in einem Haufen durchgegangen werden.

Wunschausdruck

Da Thomas kein ausreichendes Wunschrepertoire hat, stand dies im Zentrum des folgenden Lernprogramms. Bei einem solchen Programm kommt es i. a. zu hohen Wunschraten, die allerdings untypisch für Alltagssituationen sind. Man wünscht sich normalerweise nicht etwas zehnmal in der Minute. Aus diesem Grund geht es im Folgenden darum, zu sehen wie häufig in einer Sitzung spontane Wünsche im Vergleich zu denjenigen sind, die auf Aufforderung erfolgen.

Tab. 6.10: Wunschausdruck

Lernschritt: Frei/Sagen Wunschausdruck	
Flüssigkeitsziel	1/Minute
Zeitdauer	komplette Therapiezeit
Niveau	1-Wort-Wunschäußerungen
Anzahl der Durchgänge	1 für die komplette Sitzung

Anweisung

Der Therapeut notiert die Anzahl der spontanen Wünsche innerhalb der Sitzung und die Anzahl der Wunschäußerungen, die mit Hilfe erfolgten.

- Richtig: Spontane Ein- oder Mehr-Wort Äußerungen bezogen auf Wünsche/Bedürfnisse.
- Fehler/Hilfestellungen: Jeder Wunsch, der einer Aufforderung des Therapeuten folgt; darüber hinaus ermöglicht das Verfolgen von Hilfestellungen, dass der Therapeut alle Wünsche dokumentieren kann (aufgeforderte und spontane).

Fehlerkorrektur

keine Fehlerkorrektur durchführen da das Programm der Überprüfung des Lernfortschritts des Kindes dient.

Tipp

Der Supervisor des Kindes kann das Verhalten des Therapeuten auf einer Lernkurve bewerten, indem er analysiert, wie viele Wunschmöglichkeiten der Therapeut dem Kind anbietet.

Zähne putzen

Um das Zahnputztraining zu bewerten (z. B. Zahnpasta auf die Zahnbürste tun), wird dieser Lernschritt getestet. Es wird erwartet, dass mit der Verbesserung des Schülers bei diesem Lernschritt das gesamte Zähneputzen verbessert wird.

Tab. 6.11: Zähne putzen

Lernschritt: Frei/Tun Schrittanalyse befolgen	
Flüssigkeitsziel	100 %, 2-mal verbessern
Zeitdauer	komplette Therapiezeit
Niveau	Zähne putzen – komplette Aufgabenanalyse
Anzahl der Durchgänge	2–4 Durchgänge

Anweisung

Der Therapeut misst, wie lange das Zähneputzen dauert, wobei er die Richtigkeit der vorgegebenen Lernschritte in der Aufgabenanalyse (AA) notiert.

- Richtig: Jeder Schritt der AA erfüllt die Anforderungen
- Fehler:
  a) Das Überspringen eines AA-Schritts.
  b) Falsche Ausführung des AA-Schritts.

Fehlerkorrektur

Bei der Überprüfung des Fortschritts keine Fehlerkorrektur durchführen.

Tipp
Jeder Schritt innerhalb der AA, der mehr Übung oder Verfeinerung braucht, kann – so wie bei Thomas – in ein einzelnes Programm unterteilt werden.

Ausflüge in die Gemeinde

Aufgrund der Aggression und des Schreiens von Thomas haben Mutter und andere Betreuer es unterlassen, Thomas unter Menschen zu bringen, sofern dies nicht unbedingt erforderlich war (z. B. Schule, Arzttermine). Das Programm dient dazu, die Anzahl der Ausflüge zu erfassen, wenn die Mutter Thomas außerhalb der Therapie mitnimmt. Es wird erwartet, dass seine Mutter ihn bei Besorgungen und interessanten Ausflügen häufiger mitnimmt, wenn sein Problemverhalten abnimmt.

Tab. 6.12: Ausflüge in die Gemeinde

Lernschritt: Frei/Tun Rausgehen (jeden Ort zählen)	
Flüssigkeitsziel	10 Orte/Woche (ausgenommen: Schule/zu Hause)
Zeitdauer	1 Woche
Niveau	außerhalb der Therapie, mit der Mutter oder Oma
Anzahl der Durchgänge	nicht verfügbar

Hinweis
Die Mutter notiert jeden Ort, den sie pro Woche mit Thomas besucht. Es kann ein Ausflug zum Einkaufen, in ein Tiergeschäft,

in einen Park, ins Museum oder zu einer Geburtstagsfeier sein. Wenn sie zum Einkaufen und dann ins Kino gingen, würde das als zwei Ausflüge für diesem Tag zählen.

- Richtig: Ausflüge, auf denen es keine Wutausbrüche gibt.
- Fehler: Ausflüge, die zu Wutanfällen führen.

Abbildung 6.5 zeigt die Anzahl der Ausflüge des Jungen außerhalb der Therapie mit seiner Mutter oder seiner Oma (▸ Abb. 6.5). Die Kreise stehen für positives Verhalten und die »x« für Probleme während der Ausflüge. Anfang Oktober bekam Thomas bei jeder Fahrt einen Wutanfall. Tatsächlich sank in dieser Zeit die Anzahl der Ausflüge pro Woche, weil es für seine Mutter schwierig war, mit seinen Wutanfällen in der Öffentlichkeit umzugehen. Nachdem wir, wie zuvor beschrieben, ihn systematisch für das »Draußensein« verstärkt hatten, konnte Thomas erfolgreich an Ausflügen teilnehmen. Bis März 2018 konnten Thomas und seine Familie pro Woche 11 erfolgreiche Ausflüge machen!

Tipps

- Wenn Thomas sich unangemessen auf Ausflügen verhalten hat, kann die Mutter Korrekturen/Fehler nachverfolgen:
  - Richtig = Ausflug ohne Aggressionen und ohne Schreien
  - Fehler = Ausflug mit Aggression oder Schreien
- Abbildung 6.5 kann Eltern als wertvolles Feedback dienen. Die Mutter von Thomas zögerte und hatte Angst, Thomas allein auf Ausflüge mitzunehmen (d. h. außerhalb der Therapie ohne den Therapeuten). Indem sie sieht, wie oft sie ihn ohne Probleme mitgenommen hat, kann ihre Bereitschaft, Ausflüge mit ihn zu machen, zunehmen.

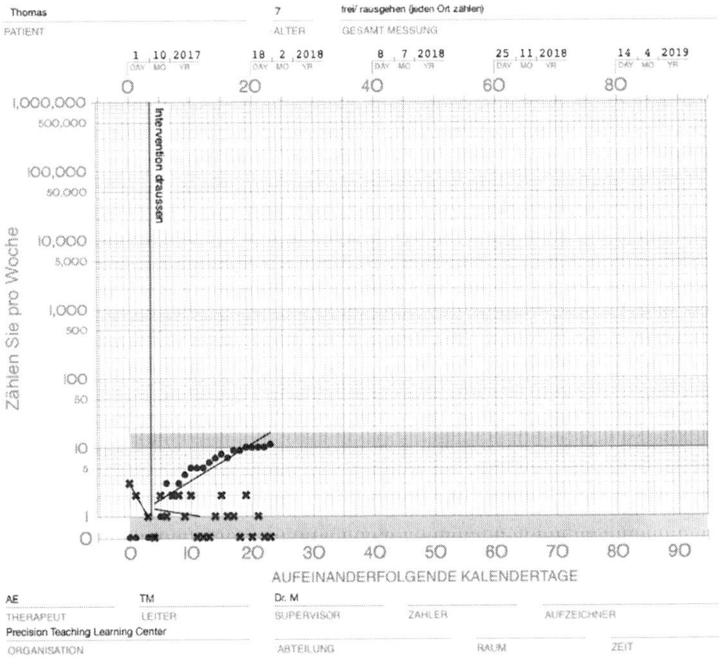

Abb. 6.5: Thomas' Ausflüge in die Gemeinde

7 Aiden – Gute verbale Fähigkeiten

Aiden ist ein 10-jähriger Junge, bei dem im Alter von 2 Jahren ASS diagnostiziert wurde. Während der achtjährigen ABA-Therapie wurden seine Lernbarrieren abgebaut und funktionale Sprache gestärkt. Derzeit verbessert er sich auch in seinen schulischen Fähigkeiten. Er liest auf seinem Klassenniveau, aber hat Probleme mit dem Leseverständnis. Auch ist er weiter wenig flexibel in seiner Sprache und seinem Verhalten. So hat er feste Vorstellungen davon, wie Abläufe sein sollten. Daher beinhaltet eines seiner Lernprogramme, auf verschiedene Weise über einen Gegenstand zu sprechen. Das kann seine Flexibilität und seine Fähigkeit, Probleme zu lösen, sowie sein Leseverständnis positiv beeinflussen.

Aiden hat einige Defizite bei exekutiven Funktionen. Neben seiner konkreten Sprache zeigt er im Alltag verschiedene rigide

Tendenzen. So ist er frustriert, wenn sich gewohnte Dinge in seiner Umgebung ändern (z. B. Änderung seiner Mahlzeiten oder seiner Zeitpläne), was oft zu negativen Kommentaren führt. Das Lernprogramm zielt daher darauf ab, dass Aiden lernt, zwischen flexiblen und starren Verhaltensweisen zu unterscheiden. Langfristig soll das der Selbstbeobachtung und Selbstkontrolle dienen.

Aiden kann auch Texte, die ein höheres Leseverständnis voraussetzen, oft nicht verstehen. Eines seiner Programme zum Leseverständnis und Sprachgebrauch ist ein Programm zum Umschreiben von Ereignissen. Dieses Programm dient als gutes Beispiel für den Aufbau von komplexem Verhalten. Darüber hinaus wird das Leseverständnis von Aiden durch einen wöchentlichen Lesetest der auf Lehrplänen der Schule beruht, kontrolliert.

Lernziele

- Positive Aussagen
- Starr vs. Flexibel
- Hören+Sagen/Sagen+Zeigen – mündliche Überprüfung
- Erkennen von Eigenschaften

Exzessives Verhalten

- Entschuldigungen

Überprüfung des Fortschrittes

- CBM-Labyrinth (Curriculum-Based Measurment – Lehrplanbasierte Messung, s. u.)
- Erkennen von Eigenschaften
- Sitzung mit positiven Aussagen

7.1 Trainingsprogramm

Programm 1: 1-Min positive Aussagen

Calkin (2000) zeigte, dass die Auflistung eigener positiver Eigenschaften Erwachsenen mit geistigen und medizinischen Beschwerden hilft, negative Bemerkungen zu reduzieren. Spillman und Milyko (2016) zeigten den gleichen Effekt bei einem Schüler, wobei die negativen Aussagen des Schülers nicht abnahmen, sondern die positiven zunahmen und zugleich die schulische Leistung sich verbesserte. Positive Selbstbezeichnungen werden im Folgenden 1-minütig durchgeführt, da sie eine gute Basis für eine angenehme Lernsitzung schaffen können.

Tab. 7.1: 1-Min positive Aussagen

Lernschritt: Frei+Sehen/Sagen	
Flüssigkeitsziel	40-mal Zeigen/Minute; 100 % richtig
Zeitdauer	1 Minute
Niveau	wenn nötig eine Liste verwenden
Anzahl der Durchgänge	2–3 Durchgänge

Anweisung

Vor der 1-minütigen Zeitmessung erstellen der Therapeut und das Kind eine Liste von allen positiven Eigenschaften des Kindes. Das können Eigenschaften sein, die sich das Kind selbst zuschreibt, oder auch solche, an die es nicht glaubt, die jedoch andere über es gesagt haben. Während der 1-minutigen Durchführung kann das Kind von der aufgeschriebenen Liste ablesen oder zusätzliche Eigenschaften hinzufügen. Wenn das Kind die Liste vollständig gelesen hat und noch Zeit verbleibt, kann es die Liste noch einmal durchlesen, bis die Zeitmessung zu Ende ist.

- Richtig: Jede positive Aussage (z. B. Ich kann hart arbeiten.)
- Fehler:
  a) Jede negative Aussage (z. B. Ich mag Mathe nicht).
  b) Länger als 3 Sekunden warten, um das Wort zu sagen.

Fehlerkorrektur

Am Ende der Zeitdauer fordern Sie das Kind auf, weitere positive Eigenschaften zu seiner Liste hinzuzufügen oder helfen Sie ihm, negative Eigenschaften in positive umzuwandeln (z. B. Ich bin nicht gut in Mathe. = Ich arbeite daran, besser in Mathe zu werden.)

Tipps

- Das Kind kann die Liste vor dem Beginn wiederholt lesen.
- Bei jeder Sitzung sollten neue Eigenschaften hinzugefügt werden. Fragen Sie das Kind, ob jemand etwas Nettes über es gesagt hat oder ob es eine nette neue Eigenschaft für seine Liste hat.
- Wenn das Kind Schwierigkeiten in einem Bereich hat (z. B. Mathe), ist es wichtig, sich gerade in diesem Bereich auf die positiven Eigenschaften zu konzentrieren. Zu sagen »Ich habe schöne Haare« hat weniger Einfluss auf die mathematischen Leistungen als zu sagen »Ich kann Zahlen ganz schnell lesen«.

Programm 2: Flexibel vs. Starr

Für Aiden sind die Begriffe »flexibel« und »starr« neu, aber er lernte schnell, was sie bedeuten, wie im folgenden Programm über Eigenschaften gezeigt wird. Es wurde geübt, diese Begriffe auf hypothetische Situationen anzuwenden. Hierbei wurden ausgewählte Situationen auf eine Karteikarte aufgeschrieben und ihm vorgelegt. Aiden soll daraufhin entscheiden, ob die Situationen »flexibel« oder »starr« sind. Es wird erwartet, dass die Identifizierung flexibler und starrer Szenarien, die seinen Erfahrungen ähneln, ihm hilft, zu sehen, wann er sich starr verhält und wann er versuchen muss, flexibel zu sein.

Tab. 7.2: Flexibel vs. Starr

Lernschritt: Sehen/Sagen Taktisch flexible oder starre Situationen	
Flüssigkeitsziel	10 Benennungen
Zeitdauer	1 Minute
Niveau	Situationen, die den Situationen von Aiden vergleichbar sind
Anzahl der Durchgänge	3–5 Durchgänge

Anweisung

Aiden liest eine Karte vor und benennt die beschriebene Situation als »flexibel« oder »starr«. Er entscheidet das in der vorgegebenen Zeiteinheit so schnell er kann.

- Richtig: Richtig benannt, ob ein flexibles oder starres Verhalten beschrieben wird (z. B »Du wirfst deinen Teller weg, wenn du ein Schinkenbrot statt einer Pizza bekommst – starr«; »Du beißt ein Stück vom Schinkenbrot ab, obwohl du gerne deine Pizza hättest – flexibel«)

- Fehler:
  a) Eine Situation nicht korrekt als »starr« oder »flexibel« bezeichnet.
  b) Wenn länger als 3 Sekunden gewartet wird.

Fehlerkorrektur

Da es nur zwei Antwortmöglichkeiten gibt, lernt das Kind schnell, ob seine Antwort richtig oder falsch ist. Im Anschluss an die Zeitmessung kann der Therapeut mit dem Kind die Situation durchsprechen und erklären, warum das Verhalten flexibel oder starr war.

Tipps

- Wenn flexible/starre Szenarien beschrieben werden, sollten sie möglichst kurzgehalten werden.
- Es ist sinnvoll, ein flexibles oder starres Beispiel für die gleiche Situation zu beschreiben (z. B. ein Mittagessen bekommen, das man nicht will; einem Freund zum Spielen absagen müssen; zum Arzt gehen müssen; jemand spielt mit dem Spielzeug, das das Kind gerne haben möchte).
- Beginnen Sie mit Situationen, die dem Kind wichtig sind.

Programm 3: Eigenschaften definieren

Aiden versteht noch nicht so ganz, was das Wort »Eigenschaft« bedeutet, wenn es um Eigenschaft/Funktion/Kategorie geht. Darum wird ihm dies in einer Einzelsituation gezielt beigebracht.

Der Therapeut befolgt hierbei ein Skript, das an die Methode der »direkten Instruktion« angelehnt ist. Je nach dem Lernstand des Jungen, kann er Beispiele und Nicht-Beispiele von Eigenschaften abfragen. Dieses Programm wird nur einmal pro Sitzung durchgeführt, wobei diese Sitzung länger sein kann, um das Konzept angemessen zu unterrichten.

Tab. 7.3: Eigenschaften mündlich überprüfen

Lernschritt: Hören+Sehen/Sagen+Zeigen Antworten prüfen	
Flüssigkeitsziel	2-mal verbessern; 100 % richtig
Zeitdauer	2 Minuten (oder komplette Zeit)
Niveau	Stufe A: wörtlich verschiedene Beispiele/keine Beispiele
Anzahl der Durchgänge	1–2 Durchgänge

Anweisung

Der Therapeut liest das unten tabellarisch abgebildete Skript (▸ Tab. 7.4). Er erwartet dabei, dass das Kind Antworten gibt, die vergleichbar zu dem des Skripts sind. Die Anzahl von Antworten wird wie im Skript angedeutet notiert.

- Richtig: Gucken Sie sich das Skript an mit der Musterantwort
- Fehler:
  a) Antworten, die nicht dem Skript ähneln.
  b) Länger als 3 Sekunden warten bis eine Karte berührt ist.

Tab. 7.4: Überprüfung des Leseverständnisses

Lernschritt 1: Eigenschaften **Vorbereitung: Eventuell Sprachkarten, wenn nötig**		
Therapeut	**Kind**	**Anzahl**
Heute werden wir über Eigenschaften reden. Worüber werden wir reden?	Eigenschaften	1
Super! Wir benutzen Eigenschaften, um Dinge zu beschreiben. Was für Wörter benutzen wir, um Dinge zu beschreiben?	Eigenschaftswörter	1
Du bist gut! Zu Eigenschaften gehört, wie etwas aussieht, zu welcher Kategorie es gehört und Worte, die zum Vergleich dienen. Nenne mir eine Sache, die zu den Eigenschaften gehört.	Wie etwas aussieht.	1
Perfekt. Wenn ich sage, ein Käfer ist kleiner als eine Tasse, wäre das eine Eigenschaft?	Ja	1
Warum?	Es vergleicht es zu etwas anderen.	1
Super! Was ist eine Eigenschaft von einem Bleistift, um das Aussehen zu beschreiben?	Ein Bleistift ist aus Holz.	1
Wenn ich sage, ein Bleistift gehört zur Kategorie Schule, wäre das eine Eigenschaft?	Ja	1
Warum?	Es beschreibt, zu welcher Kategorie es gehört.	1

Tab. 7.4: Überprüfung des Leseverständnisses – Fortsetzung

Lernschritt 1: Eigenschaften **Vorbereitung: Eventuell Sprachkarten, wenn nötig**		
Therapeut	**Kind**	**Anzahl**
Genau! Wenn ich sage, »Damit kann man schreiben,« wäre das eine Eigenschaft?	Nein	1
Warum?	Es beschreibt, was man mit dem Bleistift machen kann und das ist keine Eigenschaft.	1
Super gemacht! Nenn mir eine Eigenschaft, die einen Stock mit einem Haus vergleicht.	Ein Stock ist leichter als ein Haus.	1

Fehlerkorrektur

Da dieses Programm darauf abzielt, ein Konzept zu lernen, ist es am besten, gleich während der Zeitmessung eine Fehlerkorrektur durchzuführen. Nutzen Sie jede angemessene Fehlerkorrektur während der Zeitmessung und zählen Sie die richtigen Antworten auf den Korrekturhinweis als richtig.

Tipps

Sobald der Schüler schnell und richtig antwortet, bieten Sie ihm schwierigere Fragen und Szenarien an.

- Stufe A: Gehen Sie das Skript wörtlich durch mit verschiedenen passenden und nicht-passenden Beispielen.
- Stufe B: Wiederholen Sie das Skript in einer anderen Reihenfolge und mit anderen abstrakteren Beispielen.

- **Stufe C: Lassen Sie das Kind den Therapeuten spielen und das Skript durchgehen. Der Therapeut wird dann so tun, als wäre er das Kind, wobei er auch einige Fehler macht.**

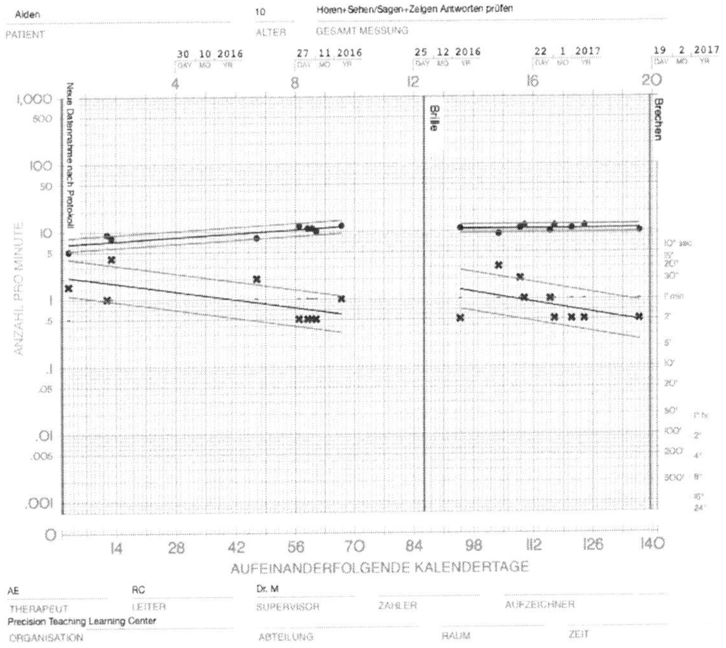

Abb. 7.1: Aidens Antworten zu der mündlichen Überprüfung im Rahmen von direkter Instruktion (Kreise stehen für richtige Antworten und Kreuze für Fehler).

Abbildung 7.1 zeigt Aidens Leistung beim Skript mit Eigenschaften. Auch wenn das Programm unregelmäßig durchgeführt wurde, ist eine deutliche Verbesserung zu sehen, wobei richtige Antworten zunehmen und die Fehler bis auf Null zurückgehen

(d. h. unter die Zeitmessung). Nach einer Zeit ohne Übung und nachdem Aiden eine Brille bekam, blieben seine richtigen Antworten bei 10/Minute. Fehlerhafte Antworten zeigten ihren höchsten Wert bei 3 in der Minute und fielen dann weiter (▸ Abb. 7.1).

Programm 4: Eigenschaften identifizieren

Nachdem Aden das Konzept »Eigenschaften« verstanden hat, muss er lernen, es anzuwenden und verschiedene Eigenschaften eines Gegenstands erkennen. Da er jedoch eine sehr starre Sprache hat, gibt er meist wenig abstrakte Eigenschaften wie Farben an. Daher muss der Therapeut Antworten vormachen, die abstrakt sind.

Tab. 7.5: Eigenschaften identifizieren

Lernschritt: Hören+Sehen/Sagen	
Flüssigkeitsziel	25 Eigenschaften/Minute; 10 % richtig
Zeitdauer	1 Minute gesamt; 30 Minuten pro Karte
Niveau	Stufe A (s. Programmbeschreibung)
Anzahl der Durchgänge	2–3 Durchgänge

Anweisung

Für die ersten 30 Sekunden während der Zeitmessung zeigt der Therapeut dem Kind eine Karte. Es werden zwei Eigenschaften für einen Gegenstand vorgegeben, wobei nur eine Antwort richtig ist (sog. »Alternativwahl« = »forced choice«). Das Kind antwortet dann mit der richtigen Eigenschaft, die passend zum

Bild/Situation ist. Dies wird für die erste Hälfte der Zeitmessung wiederholt. Nach 30 Sekunden wird dem Kind ein neues Bild gezeigt und auf die Antwort gewartet.

- Richtig:
  a) Therapeut: »Sind die Schuhe aus Leder oder Bretzeln gemacht?«
  b) Kind: »Die Schuhe sind aus Leder gemacht.« – 1 Antwort
  c) Therapeut: »Ist die Banane eine Frucht oder Fleisch?«
  d) Kind: »Nein, die Banane ist kein Fleisch, sondern eine Frucht.« – 2 Antwort
- Falsch:
  a) Therapeut: »Sind die Schuhe aus Einpackpapier?«
  b) Kind: »Ja, die Schuhe sind aus Einpackpapier« – 1 Antwort
  c) Therapeut: »Ist die Banane gelb?«
  d) Kind: »Nein, die Banane ist nicht gelb.«
  e) Länger als 3 Sekunden auf eine Antwort warten

Fehlerkorrektur

Die fehlerhafte Karte kann innerhalb oder nach der Zeitmessung besprochen werden.

- Während der Zeitmessung: Geben Sie dem Kind während der Zeitmessung ein Stichwort (z. B. »Nein«, »Versuch es nochmal«) und vergewissern Sie sich, dass das Kind sich selbst verbessert.

Tipps

- Alternativwahlen sind für die Kinder eine gute Idee, die leicht abgelenkt sind. Die Kinder, die sich gut konzentrieren, können das Programm wie gehabt durchführen mit Wiederholung der Antworten, wobei der Therapeut »Ja/Nein«-Fragen stellt. Wenn der Therapeut zum Beispiel fragt, »Sind

die Schuhe aus Leder?« würde das Kind mit »Ja, die Schuhe sind aus Leder.« antworten.
- Um die Schwierigkeit zu steigern, kann der Therapeut die Frage anders stellen, wie: »Woraus sind die Schuhe gemacht?«

7.2 Herausforderndes Verhalten

Programm 1: Ausreden

Aiden verwendet oft Ausreden, besonders wenn er sich etwas starr in den Kopf gesetzt hat. Oft denkt er sich aus, warum er sein Zielverhalten nicht erreicht, warum er sich aufregt oder warum er keine neue Aufgabe beginnen kann. So erzählte er an einem Tag, dass er seine Matheaufgaben nicht machen konnte, weil er einen blauen Fleck am Fuß hatte. Vergleichbare Ausreden führten in der Vergangenheit dazu, dass Aiden Aufgaben oft nicht machen musste und damit für seine Ausreden und sein Vermeidungsverhalten verstärkt wurde. Daher wurde vereinbart, dass seine Ausreden ignoriert werden. Stattdessen wurde er daran erinnert, die anstehende Aufgabe anzufangen (z. B. »Hey – Du bist richtig gut hierin. Lass uns sehen, ob Du es innerhalb der Zeit schaffst!«). Es wurde sichergestellt, dass er die Aufgabe beendete und hierfür verstärkt wurde. Auch die vorher aufgezeigten ein-minütigen positiven Selbstbezeichnungen haben dazu beigetragen, dass seine Ausreden reduziert werden konnten.

Tab. 7.6: Ausreden

Lernschritt: Frei/Sagen Ausrede	
Flüssigkeitsziel	0–1 Ausrede/Stunde
Zeitdauer	komplette Sitzung
Niveau	nicht anwendbar
Anzahl der Durchgänge	1 Durchgang für die komplette Sitzung

Anweisung
Der Therapeut notiert die Ausreden von Aiden, die er während der Sitzung gesagt hat: Nach der operationalen Definition ist eine Ausrede eine Äußerung, mit der begründet wird, warum eine Handlung nicht gemacht werden kann. Die Definition beinhaltet keine Erklärung für eine erfolgreiche Leistung. Es bezieht sich auf Ausreden, die von der eigentlichen Aufgabe oder Handlung ablenken.

- Fehler: Jegliches Ausredethema. Wenn das Kind sagt »Ich habe mein Ziel nicht geschafft, weil ich ein Geräusch gehört habe.« und dann weiter über das Geräusch redet, würde dies als eine Ausrede gezählt werden. Wenn er jedoch sagt »Ich habe mein Ziel nicht geschafft, weil ich ein Geräusch gehört habe und es mich am Kopf gejuckt hat.« würde das als zwei Ausreden gezählt werden.

Fehlerkorrektur
Der Therapeut 1) bestätigt die Ausrede mit einem Kommentar: »Oh das ist ja nicht gut.«, 2) Er fordert das Kind auf, es noch einmal zu versuchen, mit Hinweis auf eine positive Konsequenz: »Aber wir müssen es nochmal versuchen, denn wir wollen ja unsere Überraschung!«

7.3 Überprüfung des Fortschrittes

Eigenschaften frei benennen

Im Folgenden wird überprüft, ob das Programm, bei dem Eigenschaften durch Alternativwahl geübt werden, das spontane Benennen dieser Eigenschaften begünstigt. Dieses kann man täglich oder wöchentlich überprüfen

Tab. 7.7: Freies Beschreiben von Eigenschaften

Lernschritt: Frei+Sehen/Sagen Eigenschaften	
Flüssigkeitsziel	35 Eigenschaften/Min; 100 % richtig
Zeitdauer	1 Minute: 15 Sekunden pro Bild
Niveau	2D; keine Hilfestellungen; Alltagsgegenstände
Anzahl der Durchgänge	1 für die komplette Sitzung

Anweisung

Der Therapeut hat vier Karten mit Alltagsgegenständen. Der Schüler muss pro Karte 15 Sek. lang Eigenschaften über das Bild aufzählen.

- Richtig: Eigenschaft identifiziert
- Fehler:
  a) Wiederholung einer genannten Eigenschaft.
  b) Etwas anderes gesagt als seine Eigenschaft, (z. B. eine Funktion).

Fehlerkorrektur
Wenn die Aufgabe der Überprüfung des Fortschritts gilt, keine Fehlerkorrektur machen.

Tipps

- 3-D-Objekte können das Programm leichter machen.
- Kategorien von Objekten können eingesetzt werden, um die Schwierigkeit des Programms zu verändern.

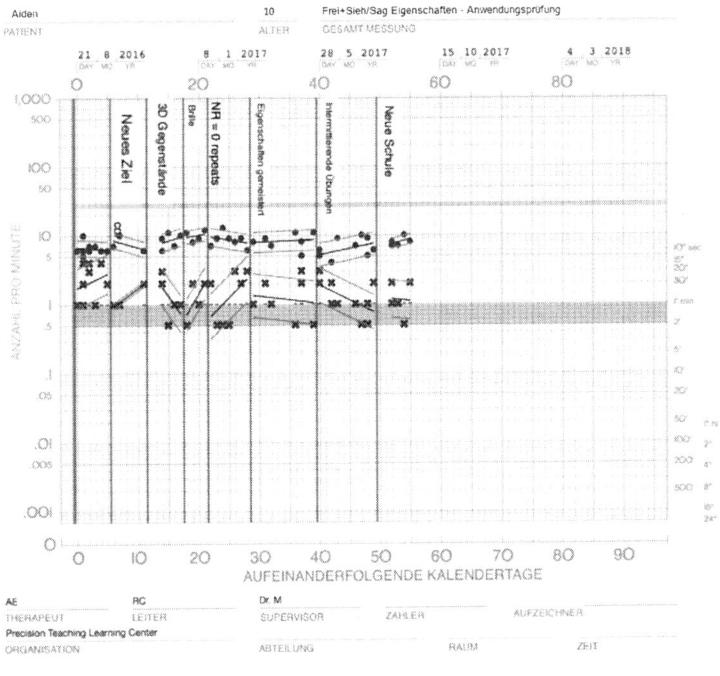

Abb. 7.2: Überprüfung von Aidens Endzielen

Abbildung 7.2 zeigt die Überprüfung von Aidens Endzielen bei F/S+S-(Frei/Sehen+Sagen)-Eigenschaften. Eine Verbesserung zeigte sich erst, als 3-D-Gegenstände benutzt wurden. Anhand des Diagramms ist zu sehen, dass Aidens richtige und falsche Antworten stark variieren und dass dieses Programm nicht allein durch Training der H/S+S-(Hören/Sehen+Sagen)-Eigenschaften zum Erfolg führte. Offensichtlich muss das Programm noch gezielter angegangen werden.

Positive Aussagen/Äußerungen

Dieses Programm wurde eingeführt, da Aiden nicht genügend positive Äußerungen macht. Die Entwicklung seines Wunschausdrucks wird über die gesamte Sitzung beobachtet. Normalerweise führt ein Verstärken des Wunschausdrucks schnell zu einem gesteigerten Wunschausdruck, was allerdings kein typisches Alltagsverhalten ist. Man äußert seine Wünsche nicht zehnmal in einer Minute. Ziel ist es hier, während der Therapiesitzung die normale Anzahl von Wunschäußerungen zu erreichen: spontane Wunschäußerungen vs. den vorgegebenen.

Tab. 7.8: Positive Äußerungen/Aussagen

Lernschritt: Frei/Sagen Positive Aussage/Äußerung	
Flüssigkeitsziel	1/Minute; 100 %
Zeitdauer	komplette Therapiesitzung
Niveau	jede positive Äußerung
Anzahl der Durchgänge	1 für den kompletten Durchgang

Anweisung

Der Therapeut verfolgt die Anzahl von spontanen positiven Äußerungen und die Anzahl der spontanen negativen Äußerungen. Die Aussagen müssen nicht bezogen auf den Schüler sein, sondern es können allgemeine Aussagen/Äußerungen sein.

- Richtig: Spontane positive Äußerungen während der Sitzung (z. B »Ich mag gern hierher kommen.«, »Du bist wirklich nett.«)
- Fehler: Irgendeine negative Äußerung, die während der Sitzung gesagt wurde (z. B »Ich mag es nicht, hierher zu kommen.«, »Du bist gemein.«).

Fehlerkorrektur

Wenn die Leistungsänderungen lediglich überprüft werden, sollte keine Fehlerkorrekturen erfolgen.

KBM-Labyrinth

Zur Kontrolle der schulischen Fähigkeiten wurde von Deno (1980) und Fuchs (Fuchs, Fuchs & Hamlet, 1989) das Curriculum-basierte Messprogramm (CBM) entwickelt. Da Aiden Übungen zum Leseverständnis macht, wird dieses System verwendet, um damit seinen Fortschritt zu messen. Es wird »Labyrinth« genannt, da jedes siebte Wort in einem Leseabsatz ausgelassen wird. An dieser Stelle stehen dann drei Wortbeispiele, wobei ein Wort das richtige ist, welches zum Satz passt. Das Kind wählt das passende Wort aus und macht mit dem nächsten Satz weiter. Die KBM-Labyrinthe finden Sie in der englischen Sprache online unter www.aimsweb.com. Um das Copyright nicht zu verletzen, wird ein Beispiel im Kasten dargestellt. Hierbei handelt es sich nicht um ein wissenschaftlich entwickeltes CBM, sondern nur um ein Beispiel für eine formale Bewertung der Fähigkeiten.

Jessica ist mit ihrer Familie in eine neue Stadt gezogen. Am Anfang war *(er/sie/es)* nervös, als sie auf die neue Schule kam. *(Keine, Sie, Alle)* Schüler kannten *(sich, sich untereinander, über)* und sie wäre das einzige *(neue, alte, ehemalige)* Mädchen. Sie hatte Angst, dass sie *(keinen, es versuchen, hatte)* Anschluss findet, da sie *(und, keinen, oder)* an der Schule kennt und nicht weiß, ob die Kinder *(und, aber, in)* der neuen Stadt die gleichen (springen, lesen, Dinge) mögen wie sie.

Vor ihrem ersten *(Schul-, Computer-, Skate-)*tag, probiert Jessica drei verschiedene Outfits an. *(Dann, Erst, Danach)* hat sie sich eine Jeans angezogen *(mit, für, danach)* einem Pullover. Sie dachte, dass der Pullover *(vielleicht, hell, mit Aufdruck)* nicht cool genug ist, also *(eilte, wechselte, schrieb)* sie zu einem Rock und einer Bluse. Dann war *(Katze, sie, er)* sich unsicher, ob das zweite Outfit *(ist, zu, war)* vornehm war. Zum Schluss entschied sie sich für *(Jeans, Hund, Papier)* und eine Bluse, denn es war eine perfekte *(Mütze, Zusammenstellung, schnell)* von den zwei vorherigen Outfits.

Tab. 7.9: KBM – Labyrinth

Lernschritt: Frei/Wort im Satz umkreisen	
Flüssigkeitsziel	10–15 Worte in der Minute angekreuzt
Zeitdauer	3 Minuten
Niveau	Leseliste der 4. Klasse
Anzahl der Durchgänge	1

Anweisung

Der Therapeut gibt dem Kind ein Blatt Papier mit der CBM-Aufgabe. Hierbei handelt es sich um eine Geschichte, bei der einzelne Wörter ausgelassen wurden. Der Schüler kann aus drei alternativen Wörtern, die in Klammern stehen, das passende aussuchen soll. Er soll die Sätze leise vor sich hin lesen und das richtige Wort umkreisen. Die komplette Zeitdauer steht zur Verfügung.

- Richtig: Jeder Schritt der Aufgabenanalyse (AA) sollte die Anforderungen erfüllen
- Fehler:
  a) Einen Schritt von der AA überspringen.
  b) Die Schritte der AA falsch machen.

Fehlerkorrektur

Wenn eine Leistungsüberprüfung gemacht wird, sollte keine Fehlerkorrektur angewandt werden.

Tipp

Wenn das Kind zu langsam beim Lesen ist, kann der Therapeut die Sätze mit den vorgegebenen Möglichkeiten vorlesen. Das Kind muss dann nur das richtige Wort umkreisen und der Therapeut liest dann weiter.

8 Generalisation

Präzisionslernen ist auf viele Verhaltensweisen, Individuen und Situationen anwendbar. Das folgende Kapitel beschreibt einige Anwendungsbereiche, bei denen die Methode eingesetzt wurde. Denken Sie daran, dass Präzisionslernen mit jedem durchgeführt werden kann und nicht nur mit Menschen, die eine Beeinträchtigung haben.

8.1 Motorische Fähigkeiten

PL kann bei Menschen, die grob- oder feinmotorische Probleme haben, mit Programmen der Ergo- oder Physiotherapie kombiniert werden. Bei diesem interdisziplinären Ansatz werden zunächst die Bewegungen einzelner Körperteile isoliert, trainiert und verbessert. Hierbei werden alle möglichen Bewegungen mit einem bestimmten Körperteil und einer detaillierten Abfolge von Hilfestellungen geübt. (Alle Schritte/Phasen werden dabei aufgezeichnet). Anhand der Testerfassung der Physiotherapeuten kann anschließend das Gesamtverhalten (»Composite Repertoire«) erfasst werden (Amey, 2017). So würde der Therapeut beispielsweise bei der Schulter mit dem Patienten die Beugung, Überstreckung, Abduktion und Rotation üben. Folgende Hierarchie von Hilfestellungen wird hierbei eingesetzt: 1) Berühren/Machen (volle körperliche Führung), 2) Berühren/Alleine machen (Anstupsen), 3) Sehen/Machen, 4) Hören/Machen und 5) Alleine/Machen. Die Übungen fangen meist beidseitig an und werden dann einseitig fortgeführt und zum Schluss überkreuzt. Die Bewegungen können im Sitzen, Stehen oder Liegen durchgeführt werden.

Um einem Kind mit einer motorischen Einschränkung das Essen mit einem Löffel beizubringen, müssen erst einmal die dazu notwendigen motorischen Fähigkeiten, der Ablauf sowie das Verständnis von Essensregeln überprüft werden, wie Bewegungen des Handgelenks, der Finger, des Ellbogens, des Unterarms, der Lippen, der Zunge, des Kiefers sowie das Ein- und Ausatmen durch die Nase. Notwendige Fähigkeiten sind Kraftdosierung (genug, um das Essen auf den Löffel zu bringen) und Körperbewegungen in Bezug auf das eigene Spiegelbild. Im Hinblick auf Essensregeln muss das Kind abschätzen können, wie viel Essen auf den Löffel passt und wie lange es kauen muss, um das Essen dann runterzuschlucken. Auch muss es die Notwendigkeit, das Gesicht/die Hände zu waschen, verstehen und die Reihenfolge kennen, in der diese Aufgaben ausgeführt werden müssen.

In einem kollaborativem Modell der Zusammenarbeit kann der Präzisionslehrer sich mit einer Logopädin, einem Ergo- oder Physiotherapeuten und anderen Therapeuten austauschen. Der

Abb. 8.1: Micha (2,5 Jahre alt) beim Essen mit einem Löffel von Maccaroni mit Käse

Präzisionslehrer und die anderen Therapeuten legen dabei ihre Therapieziele vor. Wird eine neue Bewertung der Logopädin, des Ergo-/Physiotherapeuten oder anderen Therapeuten benötigt, wird zusammen entschieden, woran noch gearbeitet werden muss. Auch ist es spannend gemeinsam zu reflektieren, in wie weit das PL-Training zu einer Verbesserung der Fähigkeiten geführt hat.

8.2 Schulische Fähigkeiten

Die meisten Programme, die in den Fallstudien beschrieben sind, richten sich an Kinder mit ASS, die frühkindliche, vorschulische oder schulischen Ziele erreichen sollen. PL beschränkt sich allerdings nicht nur auf die schulischen Fähigkeiten, die man auf Lernkarten findet. So beschreiben Johnson und Street (2013), wie PL während des Unterrichts eingesetzt werden kann. Erstens kann durch PL-Programme sichergestellt werden, dass alle basalen Fähigkeiten und Konzepte automatisiert sind, sodass alle übergeordneten Fähigkeiten leichter verfügbar/gelernt werden können. Zweitens können grundlegende schulische Fähigkeiten aufgebaut werden, die dann auf Inhaltsbereiche angewendet werden (z. B. Wissenschaft = Mathematik + Lesen + Verstehen). Drittens: Wenn es um ein neues Konzept geht, kann eine Überprüfung des Inhalts (durch die Methode der direkten Instruktion) angewendet werden. (ebd., S. 154).

Die Autoren geben auch Beispiele für Mathematik, Chemie, Biologie, Sozialkunde und Literatur/Kunst/Musik. Für den letztgenannten Bereich wird das folgende Beispiel beschrieben: »Sieh/Hör/Ordne das folgende Beispiel dem richtigen Genre zu ...«. (ebd., S. 158; übersetzt). Ein weiteres Beispiel ist »Sieh/Sage Hauptmerkmale von verschiedenen Regierungsformen ...« (ebd., S. 158, übersetzt). Diese Lernschritte können im Klassenzimmer, nach der Schule, im Hausunterricht oder in jeder anderen Umgebung durchgeführt werden. Hierbei spielt weniger die Umgebung eine Rolle, sondern es geht hauptsächlich darum, dass PL auch auf höhere Fähigkeiten angewandt werden kann.

8.3 Soziale Fähigkeiten

Soziale Fähigkeiten müssen »umfassend genug sein, um der Vielfalt möglicher Reaktionen gerecht zu werden, aber auch gezielt genug sein, um eine Übereinstimmung der Beobachtungen zu ermöglichen« (Peacock, 2017, übersetzt). So kann man auf sehr verschiedene Arten Freunde begrüßen oder die Aufmerksamkeit des Lehrers gewinnen. Wenn der Lernschritt zu präzise ist, kann es zu sehr starren Reaktionen kommen, wie zum Beispiel die Begrüßung von Kindern untereinander mit »Hallo«. Peacock gibt einige Anhaltspunkte für ein Gespräch an: Frei + Sehen/Sagen – Offene Fragen an Erwachsene während der Therapie stellen; Hören/Sagen – Themenbezogene Antworten auf Gespräche bei Kindern untereinander geben; Sehen/Sagen – Ein anderes Thema anfangen, wenn das Gegenüber uninteressiert erscheint.

Auch die Regelung von Emotionen kann mit PL geübt werden. Zu den Lernschritten gehören hierbei zum Beispiel: Hören/Machen – Entspannungsstrategien, wenn der Therapeut eine entsprechende Anweisung gibt; Hören/Sagen – Angemessene Antwort auf Stress geben, wenn nach Beispielen damit gefragt wird. Um hierauf eine Antwort zu bekommen, braucht es meist mehr als eine Minute. Je nachdem, ob es sich um eine Teilaufgabe oder eine zusammengesetzte Bewertung handelt, kann diese lediglich zwei Minuten oder auch eine Stunde dauern. Man kann den Schüler auch den ganzen Tag beobachten und mit typischen Gleichaltrigen vergleichen.

9 Antwort auf kritische Einwände

Im Folgenden werden einige Kritikpunkte bezüglich der Anwendung von Präzisionslernen diskutiert.

Mir gefällt der Ansatz von flüssigem Lernen, aber die Diagramme sind zu kompliziert. Kann ich es so aufzeichnen wie ich es möchte?
Die logarithmische Aufzeichnung (SBD = Standard Beschleunigungsdiagramm/SCC = Standard Celeration Chart) ist das Markenzeichen von PL. Erwachsene haben oft Schwierigkeiten, diese Aufzeichnung zu lernen, da sie anderen Lernkurven und Grafiken gewohnt sind. Im Vergleich dazu tun sich Kinder oft einfacher. So kann ich mit einer Erstklässlerin arbeiten und sie nach einer Stunde auffordern, ihre Fortschritte aufzuzeichnen. Die Regeln sind sehr einfach, wenn sie in einzelne Schritte zerlegt werden. Wenn ich Gruppen während der Sommerferien unter-

richte, nehme ich mir die Zeit, den Kindern das Aufzeichnen ihrer Fortschritte beizubringen. Es sieht nicht unbedingt ordentlich und sauber aus, aber es ist recht einfach und die Kinder scheinen es zu mögen.

Wenn es schwierig scheint, Daten manuell einzutragen, können Sie im Internet nach einer Onlineversion schauen, wie bei Precision X (https://centralreach.com/precisionx/). Das erleichtert das Aufzeichnen und ermöglicht gleichzeitig genaues Messen.

Es bringt nichts, eine Übung schnell und mit allen möglichen Antworten durchzuführen.

Sie haben Recht. Als ich PL zum ersten Mal gelernt habe, wollte ich die Strategie bei jeder Gelegenheit anwenden. Zu dieser Zeit begann ich nach einer mehrjährigen Pause wieder Tennis zu spielen. Ich wollte meine Tennismatches aufzeichnen, verlor mich aber im Laufe des Spiels. Statt mein Spiel aufzuzeichnen, kann ich meine Übungen dokumentieren. So kann ich meine Rückhand oder Aufschläge optimieren und aufzeichnen und überprüfen, inwiefern das zu einer Verbesserung meiner Gewinne führt. Richtige Aufschläge wären Treffer, die ein bestimmtes Kriterium erfüllen. Fehler wären Fehlschläge, die außerhalb der Grenzen oder an einem ungewollten Ort auf dem Platz landen. Wenn wir uns auf die Verbesserung der Komponenten konzentrieren, müssen wir uns keine Gedanken darüber machen, wie sich das übergreifende Endziel verbessert. Wir werden sehen, wie man mehr Tennisspiele gewinnt.

Man kann nicht alles mit zeitlicher Messung machen.

Auch das ist wahr. Wie schon beim vorigen Kritikpunkt beschrieben müssen nicht alle Verhaltensweisen zeitlich aufgezeichnet werden. Auf der anderen Seite treten jedoch alle Verhaltensweisen in einer gewissen Zeit auf. Lassen Sie mich das noch einmal sagen: Jedes Verhalten dauert eine gewisse Zeit. Als solches hat jedes Verhalten sein eigenes Timing. Einige Leute gehen nun bei PL davon aus, dass alle Zeitmessungen eine Minute oder kürzer sein müssen und dass sie intensive Übungen benötigen. Kompetenz bedeutet jedoch nicht immer Schnelligkeit. Nehmen wir zum Beispiel Yoga. Das schnelle Wechseln von einer Pose zur nächsten erfordert nicht so viel Geschick wie das Halten jeder Pose für eine bestimmte Zeit und das langsame Wechseln zur nächsten Pose, ohne das Gleichgewicht oder die Haltung zu verlieren.

In diesem Fall ist das Flüssigkeitsziel daher gering (niedrige Antwortraten). Wie bei den drei beschriebenen Fallstudien gezeigt wird, gibt es einige Verhaltensweisen, die Sie in Stunden, Minuten-Einheiten oder als Sitzungen messen können, zumindest wenn Ihre Sitzungen eine konsistente Länge haben. Auch im Alltag kann es Sinn machen, manches Verhalten im Laufe eines Tages zu dokumentieren: Ich habe zehn Gläser Wasser an einem Tag getrunken; oder in einer Woche fünf Telefonate mit Freunden geführt. Egal, welches Ziel angestrebt wird, Verhalten tritt immer in einer bestimmten Zeit auf, unabhängig vom gewählten Zeitintervall.

PL ist ja nur Lernen mit Karten und macht Kindern keinen Spaß.

Erstens: Wenn das Lernen mit Lernkarten keinen Spaß macht, haben Sie entweder die Übung nicht richtig durchgeführt, oder Sie haben keinen guten Verstärker. Meine Kinder lieben Lernkarten. Als meine Tochter zwei Jahre alt war, bat sie mich, jeden Tag während des Mittagessens damit zu üben. Sie lernte sehr gerne Buchstabennamen und Laute. Wir hätten Buchstabenmagnete von unserem Kühlschrank oder Puzzlebuchstaben verwenden können, aber diese größeren Gegenstände machen es schwerer, sie schnell darzubieten. Dies ist ein Grund, warum PL-Lehrer häufig Lernkarten verwenden. Lob, externe Verstärkung und das »Feiern« einer guten Leistung machen dabei aus Aufgaben »Spaß«.

Meine zweite Antwort auf diesen Kritikpunkt ist, dass Lernkarten allerdings nur *ein* Weg sind, um flüssige Leistungen zu erbringen. Es gibt hierzu viele andere Möglichkeiten. So können Sie zum Beispiel mit PL projektbasiertes Lernen (Keine Karten erlaubt!) nutzen. Hierfür führen Johnson und Street (2013) verschiedene Lernziele auf, bei der PL-Strategien eingesetzt werden können: zum Beispiel mit einer Landkarte einen bestimmten Ort finden; einen Punkt in ein Koordinatensystem (x- und y-Koordinaten) eintragen; einen Künstler identifizieren, der ein Stück erstellt hat, das Sie noch nie zuvor gesehen haben; richtige Satzzeichen in einen Satz einfügen; den Blutdruck einer Person messen; eine Kamera richtig fokussieren; eine Geschichte erzählen, eine Gitarre stimmen usw.

PL kann nur für den Erhalt eines Verhaltens genutzt werden und nicht für den Erwerb neuer Fähigkeiten.

Ich höre dies oft, selbst von brillanten Verhaltensanalytikern. Hier stehen oft Kreativität und Erfahrung im Wege, um PL zum Erwerb von Fähigkeiten einzusetzen. Wenn wir meine Antworten auf die Kritikpunkte zwei und drei kombinieren, können wir jedes Verhalten messen – aber müssen wir das? Wenn wir mit einem jungen, neu diagnostizierten Kind arbeiten, wird meistens alles im Rahmen von PL-Programmen gemessen.

Bei einem Kind, das gerade Sprechen lernt, können Sie aufeinanderfolgende 5-Minuten-, 3-Minuten- oder 1-Stunden-Timings verwenden, um sein gesamtes sprachliches Repertoire zu messen. Bei einem Kind, das gerade das Gehen lernt, können Sie die Anzahl der Schritte messen. Um die Leistung zu verbessern, wird in jeder Phase eine bestimmte Intervention eingesetzt und eine bestimmte Hilfestellung gegeben. Wenn das Kind Wörter oder Schritte erlernt und sich Ihre Intervention ändert, zeichnen Sie einfach eine neue Änderungslinie in die Grafik, um zu kennzeichnen, was jetzt erforderlich ist und welche Interventionen jetzt verwendet werden oder welche nicht mehr erforderlich sind.

Wenn der Therapeut beispielsweise Laute unterrichtet, muss er zunächst auf den Buchstaben zeigen und den Buchstaben aussprechen. Das Kind muss dann die Antwort des Therapeuten imitieren. Wir machen das für 3, 15-Sekunden-Zeiten. Wir überprüfen nun in einer rezeptiven Aufgabe, ob das Kind den Buchstaben zeigen kann, wenn der Therapeut ihn nennt. Und eine noch größere Prüfung ist es, den Buchstaben aktiv – ohne imitative Vorgabe – zu benennen. Dahinter steht die Frage, ob das Kind allein von der Imitation der Laute seine rezeptiven und expressiven Fähigkeiten verbessert. Es ist in jedem Fall wunderbar, den gesamten Verlauf einer Fertigkeit zu sehen. Stellen Sie sich eine Lernkurve vor, die von 1/Minute oder sogar »Nicht-Können« bis auf 80–100/Minute hochsteigt. Das wäre ein wunderschöner Beweis für den rasanten Fortschritt eines Kindes!

Literatur

Binder, C. B. (1996). Behavioral fluency: Evolution of a new paradigm. *The Behavior Analyst, 19*(2), 163–197.

Binder, C. B. (2009). Measurement, evaluation, and research: Feedback for decision making. In J. L. Mosley & J. C. Dessinger (Eds.), *Handbook of improving performance in the workplace, Vol. 3, Measurement and evaluation.* San Francisco: Pfeiffer and the International Society for Performance Improvement, 3–24.

Deno, S. L. (1985). Curriculum-Based Measurement: The emerging alternative. *Exceptional Children, 52*(3), 219–232.

Evans, A. via The Daily BA (2018, January 14). *Precision teaching in one minute w/Amy Evans.* Retrieved from www.youtube.com/watch?v=cueir_tcfCg

Fabrizio, M. A., Pahl, S. & Moors, A. (2002). Improving speech intelligibility through precision teaching. *Journal of Precision Teaching and Celeration, 18* (1), 25–27.

Fuchs, L. S., Fuchs, D. & Hamlett, C. L. (1989). Effects of instrumental use of curriculum-based measurement to enhance instructional programs. *Remedial and Special Education, 10*(2), 43–52.

Hasbrouck, E., Milyko, K. & Weil, T. (2014). *An evaluation of the effects of session distribution on the acquisition, retention, and endurance of material learned using precision teaching.* (Unpublished master's thesis). University of South Florida, Tampa, Florida.

Haughton, E. (1972) Aims: Growing and sharing. In J. B. Jordan & L.S. Robbins (Eds), *Let's try doing something else kind of thing* (pp. 20–39). VA: Council for Exceptional Children.

Johnson, J. (1980). The effectiveness of tool skills and a hunch about the performance and learning of retarded persons. *Journal of Precision Teaching, 1*(1), 31, 32.

Johnson, K. & Layng, T. J. (1992). Breaking the structuralist barrier. Literacy and numeracy with fluency. *American Psychologist, 47*(11), 1475–1490.

Johnson, K. & Street, L. (2013). *Response to intervention and precision teaching: Creating synergy in the classroom.* The Guilford Press: New York, New York.

Kaelin, K., Rickard, K. & Berens, K. (2006, May). *Efficiency in precision teaching.* Paper presented at the 32nd Annual Conference for the Association for Behavior Analysis International.

Kazdin, A. (1977). *Research designs: Methods for clinical and applied settings* (2nd Eds). Oxford University Press.

Koenig, C. H. (1972). *Charting the future course of behavior.* Kansas City, KS: Precision Media.

Kubina, R. & Yurich, K. (2012). *The precision teaching book.* Greatness Achieved Publishing.

Lindsley, O. (1971). From Skinner to precision teaching: The child knows best. In J. B. Jordan & L.S. Robbins (Eds), *Let's try doing something else kind of thing* (pp. 1–11). VA: Council for Exceptional Children.

Lindsley, O. (1996). The four free-operant freedoms. *The Behavior Analyst, 19* (2), 199–210.

Malanga, P. (2003). Using repeated readings and error correction to build reading fluency with at risk elementary students. *Journal of Precision Teaching and Celeration, 19*(2), 19–27.

McGreevy, P. (1984). Frequency and the standard celeration chart: Necessary components of precision teaching. *Journal of Precision Teaching, 5*(2), 28–36.

Newsome, K., Berens, K., Ghezzi, P., Aninao, T. & Newsome, W., (2015). Training relational language to improve reading comprehension. *European Journal of Behavior Analysis, 15*(2), 165–197.

Richling, S., Williams, W. L. & Carr, J. (2017). The effects of different mastery criteria on the skill maintenance of children with developmental disabilities. *Journal of Applied Behavior Analysis, 52*(3), 701–717.

Anhang

Wichtigkeit von Daten

Achtung: Dies ist kein aufregendes Kapitel, und ich fürchte, dass es vielen Lesern, die nicht mit PL vertraut sind, unnötig erscheinen wird. Aber das Sammeln und Beurteilen von Daten ist wichtig, wenn man PL gut machen will. Man kann PL ohne Datenerhebung mit dem Fahren eines Autos mit einer Augenbinde vergleichen: Bestenfalls geht man verloren und schlimmstenfalls wird jemand verletzt. Wenn wir fortlaufend Daten erheben, sind wir in der Lage, objektive Entscheidungen zu treffen und unmittelbar das Programm des Kindes zu verändern. Ohne Daten sind Entscheidungen oft abhängig vom subjektiven Bauchgefühl und basieren nicht auf einer objektiven Analyse der wahren Leistung des Schülers. Darüber hinaus verstärkt der dokumentierte Lernfortschritt den Kliniker und die Familie (und oft auch das Kind) dafür, dass ein richtiger Handlungsplan gewählt wurde. Generell helfen Daten Therapeuten und Praktikern nicht nur effektiv, sondern auch effizienter zu sein.

Eigenschaften

Präzisionsunterricht kann nicht ohne die Verwendung eines Standard Beschleunigungsdiagramm (SBD – Englisch: Standard Celeration Chart – SCC) durchgeführt werden. Abbildung A.1 zeigt das übliche SBD, eines der am häufigsten verwendeten Diagramme aus der SBD-Familie. Andere Diagramme umfassen ein Zeitdiagramm, ein Wochendiagramm, ein Monatsdiagramm und ein Jahresdiagramm. Bei all diesen Diagrammen können Sie das Verhalten bewerten, das innerhalb einer Minute, einer Woche, eines Monats oder eines Jahres auftritt. Hierbei ist es hilfreich, dass alle Abbildungen vergleichbar erstellt werden können. Daher fangen wir einfachheitshalber mit dem Aufzeichnen eines Tagesdiagramm an (▸ Abb. A.1).

Symmetrieaxen

Abbildung A.1 zeigt, dass eines der wichtigsten Elemente des Diagramms die vertikalen und horizontalen Linien sind, die ein Gitter darstellen. Die fett gedruckte vertikale Linie deutet auf einen Sonntag hin und die darauf folgenden dünnen Linien zwischen den fettgedruckten Linien zeigen die Folgetage: Montag, Dienstag, Mittwoch und so weiter. Daher ist die x-Achse des Diagramms (unten) nach aufeinanderfolgenden Kalendertagen angeordnet. Oben in der Tabelle neben jedem vierten Sonntag befindet sich eine Stelle, an der das genaue Datum eingetragen werden kann. Hierbei kann man also gut feststellen, ob ein Verhalten an bestimmten Wochentagen bevorzugt auftritt.

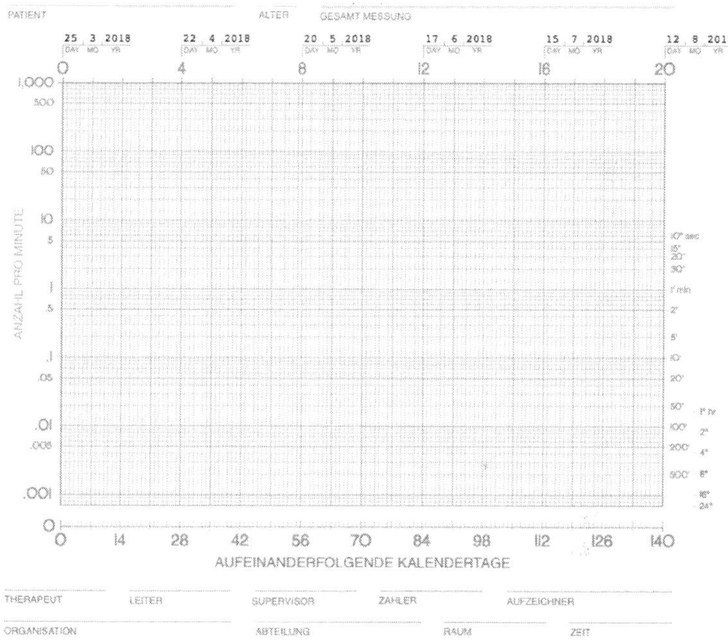

Abb. A.1: Das tägliche Standard Beschleunigungsdiagramm (SBD) auf Minutenbasis

Es gibt auch eine Standardisierung entlang der y-Achse (auf der linken Seite). Die fetten horizontalen Linien geben Frequenzen bei der Potenz 10 an. Es gibt sechs Zehnerpotenz-Zahlen im Bereich von 0,001/Minute (Verhalten bei 1/Tag) bis 1000/Minute. Dies führt zu einer Verhältnisskala der y-Achsen. Die Verhältnisskala behält den Anteil der Verhaltensänderung bei. Beispielsweise ist der Abstand zwischen 1/Minute und 10/Minute der äquivalente Abstand zwischen 10/Minute und 100/Minute. Bei einem additi- ven Diagramm mit gleichem Intervall auf der y-Achse wäre der

Abstand zwischen 1 und 10 derselbe wie bei 90 bis 100. Optisch und akustisch ist es jedoch für jemanden schwierig, ein Verhalten bei 90/Minute gegenüber 100/Minute zu unterscheiden, wenn er das Verhalten beobachtet.

Um verschiedene Verhaltensweisen vergleichen zu können, wird die Häufigkeit des Verhaltens immer auf eine Minute bezogen. Wenn der Schüler also in 30 Sekunden korrekt auf 10 Karten zeigt, die mit dem Buchstaben »b« beginnen, beträgt seine Genauigkeit 20 Punkte/Minute. Wenn er im Timing zwei Fehler macht, ist die Häufigkeit richtiger Antworten 83 %. Zusammengenommen könnte die Leistung des Schülers im Timing mit 20 korrekten Punkten pro Minute und 83 % Genauigkeit angegeben werden.

Aufzeichnen der Häufigkeit

Das SBD ist aufgrund seiner Achsen und seiner exponentiell an- und absteigenden Daten sehr gut zur Messung freier Operanten geeignet. Dazu gibt es drei grundlegende Elemente des Timings, die im SBD aufgezeichnet werden: die Zeitlinie, die Häufigkeit von zunehmenden Verhaltensweisen (z. B. korrekte Antworten) und die Häufigkeit von abnehmenden Verhaltensweisen (z. B. falsche Antworten). Hierbei wird angenommen, dass die beiden Kurven gleichzeitig beobachtet werden (also als sog. »fair pair«).

Eine Zeitlinie ist die Dauer, in der das Verhalten beobachtet wird. Wenn der Therapeut die Anzahl der spontanen Wunschäußerungen eines Lernenden aufzeichnet, wird die Dauer der Beobachtung angegeben. Die y-Achse des SBD ermöglicht die Messung des Verhaltens von 1/Tag bis 1.000/Minute. In dieser Zeitspanne kann jegliches menschliche Verhalten erfasst werden. Der Beobachtungszeitraum wird stets in eine Einheit pro Minute umgerechnet. Wenn ein Therapeut also beobachtet, dass Harry 10 Minuten lang um etwas bittet, setzt er einen horizontalen Strich auf die blaue Linie von 0,1, die sich mit dem Tag der Beobachtung überschneidet. Dies zeigt an, dass jede einzelne Minute 0,1 Minuten enthält. Wenn das Beobachtungsfenster kürzer als 15 Sekunden ist, muss der Therapeut dieselbe Umrechnung verwenden: Wie viele 15 Sekunden sind in einer Minute? Es gibt viermal 15 Sekunden in einer Minute, also muss dann ein horizontaler Strich auf die vertikale Linie 4 gesetzt werden (▸ Abb. A.2).

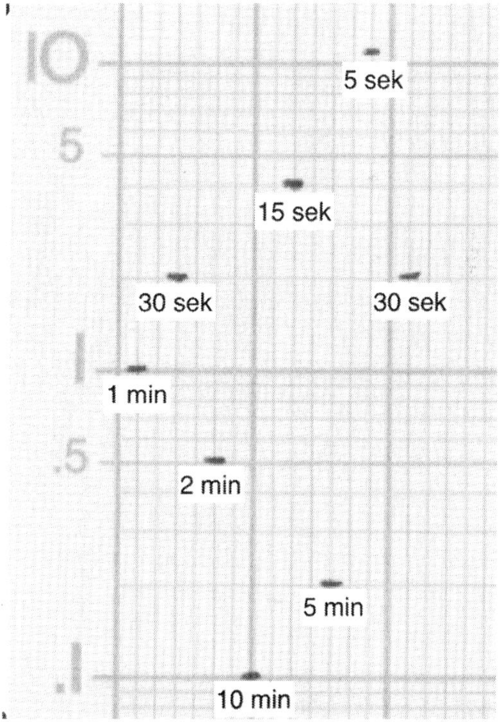

Abb. A.2: Das vergrößerte Bild eines Standard Beschleunigungsdiagramms (SBD) zeigt, wie man die verschiedenen Messebenen einträgt. Die horizontalen Linien unterbrechen die vertikale Tageslinie. Die Zeitangaben sind nur für Anfänger eingetragen.

Auch wenn der Beobachtungszeitpunkt eine notwendige Information darstellt, reicht er jedoch nicht für ein vollständiges Bild des Verhaltens, das in Echtzeit aufgetreten ist, aus. Der Therapeut muss wissen, wie viele spontane und angemessene Wünsche Harry in diesem 10-minütigen Intervall geäußert hat. Zum Beispiel äußerte Harry 7 spontane und angemessene Wünsche. Der Therapeut beobachtete jedoch auch zweimal, wie Harry unangemessen etwas forderte (z. B. zeigte er auf etwas oder weinte, anstatt es verbal zu erbitten). Also gab Harry in 10 Minuten 7-mal richtige Antworten (gemäß der operativen Definition) und 2-mal falsche Antworten (gemäß der operativen Definition). Es gibt also zwei Zählungen: 7 Korrekturen, 2 Fehler.

Um das Gezählte in Frequenzen umzuwandeln, muss der Zählwert mit der Zeitdauer der Messung multipliziert werden. Um die Häufigkeit der angemessenen Wünsche zu bestimmen, müsste man 7 Wunschäußerungen mit der Zeitmessung (0,1) multiplizieren. Die Standardkonvention zur Darstellung der Beschleunigungsgrafik (des zunehmenden Verhaltens) ist ein Punkt oder ein geschlossener Kreis. Als solches würde ein Punkt bei der Frequenz 0,7 ($0{,}1 \times 7 = 0{,}7$) platziert werden (▸ Abb. A.3). Beim Vergleich der Häufigkeiten verschiedener Tage ist diese Standardisierung eines einzelnen Symbols, das eine Einheit pro Minute darstellt, hilfreich.

Dieselben Schritte müssen gemacht werden, um die Fehlerhäufigkeit zu bestimmen: Zählen (2) mal Datenboden (0,1) würde zu einer Fehlerhäufigkeit von 0,2/Min führen. Um Verhaltensweisen anzuzeigen, die man reduzieren möchte, ist die Verwendung eines »x«-Symbols üblich. Daher würde in Harrys Diagramm zur Wunschäußerung das x bei 0,2 auf der gleichen vertikalen Linie platziert wie die richtige Frequenz (Punkt bei 0,7) und der Datenboden (horizontaler Strich bei 0,1) (▸ Abb. A.3). Daher kann der Leser auf einen Blick sehen, an welchem Tag die Beobachtung stattgefunden hat, wie lange die Beobachtung gedauert hat und wie viele Korrekturen und Fehler der Lernende vorgenommen hat – alles in einer einzigen Zeile einer Karte. Stellen Sie sich vor, wie viele Informationen angezeigt würden, wenn alle 140-Tage-Linien grafisch dargestellt wären.

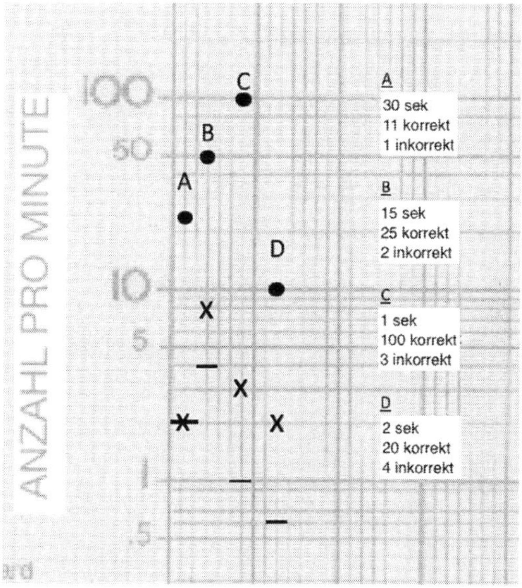

Abb. A.3: Diese vergrößerte Abbildung zeigt verschiedene Zeitenangaben. Auf einer einzigen Tageslinie sind 1) Basisebene zur Aufzeichnung der Zeitdauer 2) Häufigkeit des gelernten Verhaltens (z. B. richtige Antworten) und 3) Häufigkeit des Verhaltens, das abgenommen hat (z. B. falsche Antworten).

Auch wenn die 10-minütigen Beobachtungsdaten der Wunschäußerungen von Harry während eines Tages dem Therapeuten wertvolle Informationen liefern, ist tatsächlich der Trend in

Harrys Verhalten wichtiger. Die einmalige Häufigkeit korrekter, spontaner Äußerungen sagt nichts darüber aus, ob das Repertoire an Wunschäußerungen von Harry wächst oder sogar weniger wird. Die einzige Information, die aus dem Wert geschlussfolgert werden kann, ist, dass er an diesem bestimmten Tag während einer 10-minütigen Beobachtungszeit 7-mal angemessen etwas gewünscht und zwei fehlerhafte Äußerungen gemacht hat.

Beschleunigung

Wenn mehrere Beobachtungen in Echtzeit durchgeführt werden (Denken Sie daran, dass die x-Achse des SBDs Echtzeit und nicht Sitzungen ist.), kann eine gerade Trendlinie gezogen werden, um zu bestimmen, ob das Verhalten mit der Zeit zunimmt oder abnimmt. Diese Trendlinie umfasst mehrere Messungen und wird als »Beschleunigungslinie« bezeichnet. Es gibt zwar mathematische Berechnungen, mit denen die Beschleunigungslinie präzise erstellt werden kann (d. h. Lineare Regression, Viertelschnittmethode), sie sind jedoch besonders aus klinischen Gründen nicht immer erforderlich. Eine einfache handgezeichnete Trendlinie erzeugt eine Linie, die sich statistisch nicht von den formal gezeichneten Linien unterscheidet (Koenig, 1973). Dies erfordert zwar ein wenig Übung und Selbstvertrauen, aber diese handgezeichneten Linien sind zuverlässig, um Trends in der Verhaltenszunahme oder -abnahme zu erkennen und vorherzusagen (▶ Abb. A.4).

Eine gute Metapher, um den Unterschied und die einzigartige Bedeutung von Frequenz und Beschleunigung zu verstehen, ist die zwischen der Beschreibung eines Bildes und eines Films. Ein Bild ist zwar wertvoll und wichtig, hält aber nur einen kurzen Moment fest. Um das Leben vor und nach dem Bild zu sehen, muss ein Film oder ein Video aufgenommen werden. Das Bild entspricht der Frequenz, denn hierin wird nur eine einzelne

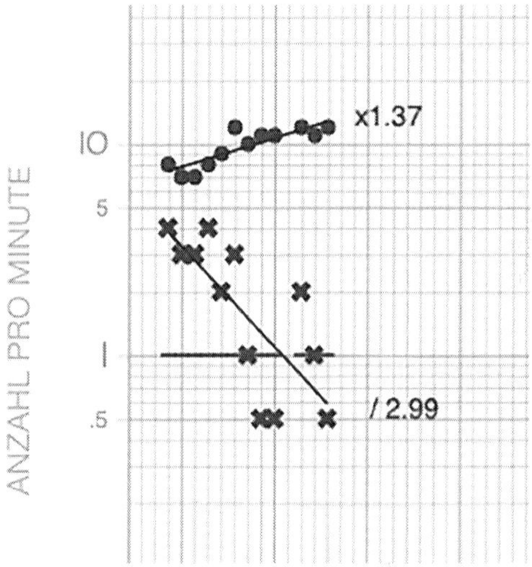

Abb. A.4: Diese vergrößerte Version des Standard Beschleunigungsdiagramms zeigt zwei Verbesserungen und ihren tatsächlichen Wert.

Beobachtung oder eine Momentaufnahme des Verhaltens abgebildet. Damit bekommt man jedoch keine Information über das Verhalten, das dieser einen Beobachtung vorausgegangen ist oder dieser folgt. Die Messung der Entwicklung der Beschleunigung des Verhaltens ist daher wie ein Film, um ein umfassenderes Bild des Lernens zu bekommen.